中国文化知识文库

中国古代教育

徐潜／主编

张克 崔博华／副主编

丁超 姜丹丹／编著

吉林出版集团

吉林文史出版社

图书在版编目（CIP）数据

中国古代教育 / 徐潜主编 .—长春：吉林文史出版社，2013.3（2025.9重印）

ISBN 978-7-5472-1499-2

Ⅰ.①中… Ⅱ.①徐… Ⅲ.①教育史-中国-古代-通俗读物 Ⅳ.①G529.2-49

中国版本图书馆 CIP 数据核字（2013）第 062995 号

中国古代教育

ZHONGGUO GUDAI JIAOYU

主　　编　徐　潜
副 主 编　张　克　崔博华
责任编辑　张雅婷
装帧设计　映象视觉
出版发行　吉林文史出版社有限责任公司
地　　址　长春市福祉大路 5788 号
印　　刷　唐山富达印务有限公司
版　　次　2013 年 3 月第 1 版
印　　次　2025 年 9 月第 5 次印刷
开　　本　720mm×1000mm　1/16
印　　张　10.75
字　　数　250 千
书　　号　ISBN 978-7-5472-1499-2
定　　价　68.00 元

序　言

民族的复兴离不开文化的繁荣，文化的繁荣离不开对既有文化传统的继承和普及。这套《中国文化知识文库》就是基于对中国文化传统的继承和普及而策划的。我们想通过这套图书把具有悠久历史和灿烂辉煌的中国文化展示出来，让具有初中以上文化水平的读者能够全面深入地了解中国的历史和文化，为我们今天振兴民族文化，创新当代文明树立自信心和责任感。

其实，中国文化与世界其他各民族的文化一样，都是一个庞大而复杂的“综合体”，是一种长期积淀的文明结晶。就像手心和手背一样，我们今天想要的和不想要的都交融在一起。我们想通过这套书，把那些文化中的闪光点凸现出来，为今天的社会主义精神文明建设提供有价值的营养。做好对传统文化的扬弃是每一个发展中的民族首先要正视的一个课题，我们希望这套文库能在这方面有所作为。

在这套以知识点为话题的图书中，我们力争做到图文并茂，介绍全面，语言通俗，雅俗共赏。让它可读、可赏、可藏、可赠。吉林文史出版社做书的准则是“使人崇高，使人聪明”，这也是我们做这套书所遵循的。做得不足之处，也请读者批评指正。

编　者

2012 年 12 月

目　录

古代家训

我国古代家训肇端久远，从产生于殷商之际的《周易·家人卦》中，可窥见上古家训之一斑。后来历代虽然都有家训产生，但大多只是从某一侧面对子孙加以训诫，直到北齐颜之推《颜氏家训》问世后，古代家训才系统化起来。此后，历代递相仿效，遂使家训文化蔚为大观。

作为我国传统文化的重要组成部分，我们应该批判地继承这笔遗产，从中获取其精华部分来应用于当前的家庭教育。

一、韩非家训

（一）作者简介

韩非，战国时期韩国人，出身于贵族世家，是韩国的公子，约生于公元前280年（周赧王三十五年），卒于公元前233年（秦始皇十四年），思想家、散文家。他曾是荀子的学生，但其思想又源于老子，综合了商鞅、申不害前法家的思想，形成了更完整的法家思想体系。在战国七雄中，韩国是最弱的一个国家，韩非眼看韩国日趋衰弱，多次上书向韩王进谏，希望韩王安能变法图强，但都未被采用，于是发愤著书。书传到秦国，为秦王所称赞。后韩非出使到秦国，为李斯所陷害。

（二）原文摘录

曾子之妻之市，其子随之而泣。其母曰："女还，顾反为女杀彘。"妻适市来，曾子欲捕彘杀之。妻止之曰："特与婴儿戏耳。"曾子曰："婴儿非与戏也。婴儿非有知也，待父母而学者也，听父母之教。今子欺之，是教子欺也。母欺子而不信其母，非所以成教也。"遂烹彘也。

（三）译文

曾子的妻子上街去，他的儿子跟在后面哭着要去。曾子的妻子没有办法，对儿子说："你回去吧，我从街上回来了杀猪给你吃。"曾子的妻子刚从街上回来，曾子便准备把猪抓来杀了，他的妻子劝阻他说："我只是哄小孩才说要杀猪的，不过是玩笑罢了。"曾子说："小孩不可以哄他玩的。小孩子并不懂事，什么知识都需要从父母那里学来，需要父母的教导。现在你如果哄骗他，这就是教导小孩去哄骗他人。母亲哄骗小孩，小孩就不会相信他的母亲，这不是用来教育孩子成为正人君子的办法。”说完，曾子便杀了猪给孩子吃。

（四）经典点评

这里提及的就是父母言行的示范作用及意义，指出了儿童教育的严肃性。父母是孩子的第一任教师也是其一生的教师，父母所说的话、所做的事都会潜移默化地影响孩子的发展。父母与子女朝夕相处，言行必然成为子女最直接的模仿对象，而且，这种模仿常常是非理性的，机械的，外在的，他们尚没有区分善恶的能力，父母的一言一行，一举一动，无论善恶都将成为子女模仿的对象。父母的思想、行为、品格，对孩子来说是一面镜子，其言行本身就是一种无声的教育，若能“正身率下”，就能为子女树立起榜样，起到上行下效的教育效果。作为家长，古人们认识到了要让子女成材首先要教育他们成人的道理，因此他们要从家庭教育这个人生第一课堂开始，从身边细微的小事入手来教育子女，这样的教育效果比跟孩子讲大道理要生动深刻得多。所以父母在教育子女的时候，要随时随地把身教和言传结合起来，以身作则，亲身示范，才能让孩子认可接受，这样才能给孩子提供一个良好的受教育环境，才能使孩子健康地成长。

曾子杀猪教子的故事还蕴含着“言出必行，诚实守信”的思想。家庭是人们接受道德教育最早的地方。高尚品德必须从小开始培养，从娃娃抓起。要在孩子懂事的时候，深入浅出地进行道德启蒙教育；要在孩子成长的过程中，循循善诱，以事明理，引导其分清是非，辨别善恶。家庭在培养孩子的过程中有着其他任何教育方式都难以代替的优势，家长要认识到这一点，要言出必行，以身示范。

二、蔡邕家训

（一）作者简介

蔡邕（132–192 年），字伯喈，陈留圉（今河南杞县）人，东汉文学家，书法家。汉献帝时曾拜左中郎将，故后人也称他“蔡中郎”。著有《蔡中郎集》。他是一位奇才，经史、音律、天文、辞赋、书法，无一不通，深厚的修养使其总结出一套因材、因性别而异而又重在心理的教育子女之法。

（二）原文摘录

心犹首面也，是以甚致饰焉。面一旦不修饰，则尘垢秽之；心一朝不思善，则邪恶入之。咸知饰其面，不修其心，惑矣！夫面之不饰，愚者谓之丑；心之不修，贤者谓之恶。愚者谓之丑犹可，贤者谓之恶，将何容焉？故览照拭面，则思其心之洁也；傅脂，则思其心之和也；加粉，则思其心之鲜也；泽发，则思其心之润也；用栉，则思其心之理也；立髻，则思其心之正也；摄鬓，则思其心之整也。

（三）译文

心就像头和脸一样，需要认真修饰。脸一天不修饰，就会让尘垢弄脏；心一天不向善，就会窜入邪恶的念头。人们都知道修饰自己的面孔，却不知道修养自己的善心。脸面不修饰，愚人说他丑；心性不修炼，贤人说他恶。愚人说他丑还可以接受；贤人说他恶，他哪里还有容身之地呢？所以你照镜子的时候，就要想到心是否圣洁；抹香脂时，就要想想自己的心是否平和；搽粉时，就要考虑你的心是否鲜洁干净；润泽头发时，就要考虑你的心是否安顺；用梳子梳头发时，就要考虑

你的心是否有条有理；挽髻时，就要想到心是否与髻一样端正；束鬓时，就要考虑你的心是否与鬓发一样整齐。

（四）经典点评

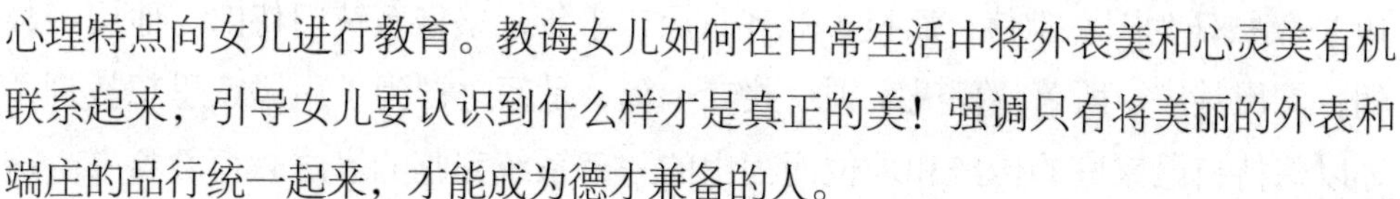

这是蔡邕写给女儿的一篇家训。在文中他抓住了女孩子爱美的心理特点向女儿进行教育。教诲女儿如何在日常生活中将外表美和心灵美有机联系起来，引导女儿要认识到什么样才是真正的美！强调只有将美丽的外表和端庄的品行统一起来，才能成为德才兼备的人。

在我国现实生活当中，有些女性人生价值观错位，主张金钱至上，爱慕虚荣，养成了好逸恶劳的习性，由此做出丧失人格尊严的事情，严重影响了社会风尚，增加了社会的不文明因素。父母要认识到这些不良影响，教育女孩要充分地认识到自己的社会价值，培养和加强其道德修养和独立意识，不要因为外界的诱惑而去追逐虚荣，要让其外表美和心灵美协调发展，只有这样才能使孩子健康地成长。

家长应当明白，家庭是孩子成长的摇篮，是儿童教育的第一环境，孩子就是从这里开始自己的人生航程的，而决定孩子航程方向的就是孩子的品德，所以，不仅要关心子女的学习成绩、身体健康，而且还要关心子女的思想品德，将子女如何做人摆在家庭教育的首位。家长应当教孩子学会关心、学会感激、学会爱人、学会体谅、学会宽容、学会处理生活中的各种事情和各种人际关系，学会自尊、自信、自强、自立，一句话就是要学会做人。现在众多的心理学家都强调童年教育对孩子一生发展的重要作用，他们认为孩子童年期间所受到的父母耳濡目染的影响将完成孩子人格塑造工程的一半以上，并对孩子的终生都有影响。因此，从小就注意对孩子进行品德的教育，进行良好个性的熏陶将惠及孩子的一生。人作为万物之灵，离不开道德维系，生活本身就是受教育的过程。要把孩子教育成德才兼备的人，就必须坚持全面培养，德育为首的原则，因为德为人之本，才为人之基，德才兼备才能撑起一个“人”字。

三、颜氏家训

（一）作者简介

颜之推（513– 约 595 年），单字介，原籍琅邪临沂（今山东临沂县）人。世居建康（今南京市），生于士族官僚家庭。他早传家业，12 岁时听讲老庄之学，后转学《周礼》、《左传》。他博览群书，其文辞情并茂，得梁湘东王赏识，19 岁就被任为国左常侍，后投奔北齐，历二十年，累官至黄门侍郎。他历经数朝，阅历甚广。所著《颜氏家训》共二十篇，是颜之推为了用儒家思想教训子孙以保持自己家庭的传统和地位而写出的一部系统完整的家庭教育教科书。这是他一生关于立身、治家、处事、为学的经验总结，在家庭教育发展史上有着重要的影响。后世称此书为“家教规范”。

（二）原文

1. 古之学者为己，以补不足也；今之学者为人，但能说之也。古之学者为人，行道以利世也；今之学者为己，修身以求进也。夫学者犹种树也，春玩其华，秋登其实；讲论文章，春华也，修身利行，秋实也。

2. 古人欲知稼穑之艰难，斯盖贵谷务本之道也。夫食为民天，民非食不生矣，三日不粒，父子不能相存。耕种之，薅锄之。刈获之，载积之，打拂之，簸扬之，凡几涉手，而入仓廪，安可轻农业而贵末业哉？江南朝士，因晋中兴，南渡江。卒为羁旅，至今八九世，未有力田，悉资俸禄而食耳。假令有者，皆信僮仆为之。未尝目观起一坡土，耘一株苗；不知几月当下，几月当收，安识世间余务乎？故治官则不了，营家则不办，皆优闲之过也。

3. 吾见世间，无教而有爱，每不能然，饮食运为，恣其所欲，宜诫翻奖，应诃反笑，至有识知，谓法当尔。骄慢已习，方复制之，捶挞至死而无威，忿怒日隆而增怨，逮于成长，终为败德。孔子云："少成若天性，习惯如自然。"是也。俗谚曰："教妇初来，教儿婴孩。"诚哉斯语。

4. 凡人不能教子女者，亦非欲陷其罪恶，但重于诃怒。伤其颜色，不忍楚挞惨其肌肤耳。当以疾病为谕，安得不用汤药针艾救之哉？又宜思勤督训者，可愿苛虐于骨肉乎？诚不得已也。

5. 铭金人云："无多言，多言多败；无多事，多事多患。"至哉斯戒也！能走者夺其翼，善飞者减其指，有角者无上齿，丰后者无前足，盖天道不使物有兼焉也。古人云："多为少善，不如执一；鼫鼠五能，不成伎术。"近世有两人，朗悟士也，性多营综，略无成名，经不足以待问，史不足以讨论，文章无可传于集录，书迹未堪以留爱玩，卜筮射六得三，医药治十差五，音乐在数十人下，弓矢在千百人中，天文、画绘、棋博、鲜卑语、胡书、煎胡桃油、炼锡为银，如此之类，略得梗概，皆不通晓。惜乎！以彼神明，若省其异端，当精妙也。

6.《礼》云："欲不可纵，志不可满。"宇宙可臻其极，情性不知其穷，惟在少欲知足，为立涯限尔。先祖靖侯戒子侄曰："汝家书生门户，世无富贵，自今仕宦不可过二千石，婚姻勿贪势家。"吾终身服膺，以为名言也。

7. 天地鬼神之道，皆恶满盈。谦虚冲损，可以免害。人生衣趣以覆寒露，食趣以塞饥乏耳。形骸之内，尚不得奢靡，己身之外，而欲穷骄泰耶？周穆王、秦始皇、汉武帝，富有四海，贵为天子，不知纪极，犹自败累，况士庶乎？常以二十口家，奴婢盛多，不可出二十人，良田十顷，堂室才蔽风雨，车马仅代杖策，蓄财数万，以拟吉凶急速。不啻此者，以义散之；不至此者，如非道求之。

8. 夫生不可不惜，不可苟惜。涉险畏之途，干祸难之事，贪欲以伤生，谗慝而致死，此君子之所惜者。行诚孝而见贼，履仁义而得罪，丧身以全家，泯躯而济国，君子不咎也。自乱离已来，吾见名臣贤士，临难求生，终不为救，

徒取窘辱，令人愤懑。

9. 笞怒废于家，则竖子之过立见；刑罚不中，则民无所措手足。治家之宽猛，亦犹国焉。

10. 夫风化者，自上而行于下者也，自先而施于后者也。是以父不慈则子不孝，兄不友则弟不恭，夫不义则妇不顺矣。父慈而子逆，兄友而弟傲，夫义而妇陵，则天之凶民，乃刑戮之所摄，非训导之所移也。

（三）译文

1. 古代求学的人是为了充实自己弥补自身的不足；现在求学的人是为了对别人炫耀并夸夸其谈。古代求学的人是为了广利大众，积极推行自己的主张来造福社会；今天求学的人是为了自己的利益，修身养性以求得一官半职。求学就如种树，春天可以玩赏它的花朵，秋天可以摘得它的果实；讲论文章，就恰似玩赏春花，修身利行，就好像摘取果实。

2. 古人希望人们知道务农的艰辛，这是为了使人珍惜粮食，重视农业劳动。民以食为天，没有食物，人们就无法生存，三天不吃饭的话，父子之间就没有力气相互问候。粮食的获得，要经过春种、锄草、收割、运载、脱粒、簸扬等多种工序，才能放进仓库，怎么可以轻视农业而重商业呢？江南朝廷里的官员，随着晋朝的复兴，南渡过江，流落他乡，到现在也经历了八九代了。但都从未亲自下田耕作过，完全依赖朝廷的俸禄生活。即使有些人家有田地，也全由僮仆们耕种，从未目睹他们自己耕种一块土，种一株苗；不知何时播种，何时收获，又怎能懂得其他事务呢？因此，他们做官就不识政务，治家就不办产业，这都是养尊处优带来的危害。

3. 我见到世上那种对孩子不讲教育而只有溺爱的，常常不能苟同。要吃什么，要干什么，任意放纵孩子，

不加管制，该训诫时反而夸奖，该训斥责骂时反而一笑了之，到孩子懂事时，就认为按道理本该如此。当子女骄横傲慢的习气已经养成时，才开始去制止，即使鞭打得再狠毒也树立不起威信，愤怒得再厉害也只会增加怨恨，直到其长大成人，最终成为品德败坏的人。孔子说："从小养成的就像天性，习惯了的也就成为自然。"讲的就是这个道理。俗语说："教媳妇要在初来时，教儿女要在婴孩时。"这话确实有道理。

4. 普通人不能教育好子女，也并非想要让子女去犯罪，只是不愿意使他因受责骂训斥而神色沮丧，不忍心使子女被荆条抽打受皮肉之苦罢了。这该用生病来作比喻，难道能不用汤药、针艾来救治就能好吗？还该想一想那些经常认真督促训诫子女的父母，难道他们愿意对亲骨肉刻薄凌虐吗？确实是不得已啊！

5. 春秋时期，在周朝太庙里有一个铜人，背上刻了这样一句话："不要多话，多话会多失败；不要多事，多事会多祸患。"这个训诫对极了啊！动物也是如此，会走的不让生翅膀，善飞的就没有脚趾，长了双角的口中没牙，后部发达的前肢退化，大概是天道不叫生物兼具这些东西吧！古人说："做得多而做好的少，还不如专心做好一件；鼫鼠有五种本事，可没有一技能派上用场。"近代有两位，都是聪明人，喜欢多所经营，可没有一样成名，经学禁不起人家提问，史学够不上和人家讨论，文章不能入选集录流传，书法字迹不堪存留把玩，卜筮六次才有三次猜对，医治十人才有五人痊愈，音乐水平在几十人之下，弓箭技能在千百人之中，天文、绘画、棋博、鲜卑语、胡书、煎胡桃油、炼锡为银，诸如此类，只是懂个大概，都不精通熟练。可惜啊！凭这两位的天资悟性，如果不去弄那些异端，专心于一种技艺知识肯定能达到炉火纯青的水平。

6.《礼记》上说："欲不可以放纵，志不可以满盈。"宇宙还可到达边缘，情性则没有个尽头。只有少欲知止，立个限度。先祖靖侯教诫子侄说："你家是书生门户，世代没有出现过大富大贵，从今做官不可超过二千石，婚姻不能贪图权势之家。"我衷心信服并牢记在心，认为这是名言。

7. 天地鬼神之道，都厌恶满盈，谦虚贬损，可以免害。人生穿衣服的目的是在于覆盖身体以免寒冷，吃东西的目的在于填饱肚子以免饥饿乏力而已。形体之内，尚且无从奢侈浪费，自身之外，还要极尽骄傲放肆吗？周穆王、秦始皇、汉武帝富有四海，贵为天子，不懂得适可而止，尚且因败坏受害，何况士庶呢？常认为二十口之家，奴婢最多不可超出二十人，有十顷良田，堂室才能遮挡风雨，车马仅以代替扶杖。积蓄上几万钱财，用来准备婚丧急用。已经不止这些，要合乎道理地散掉；还不到这些，也切勿用不正当的办法来求取。

8. 生命不能不珍惜，也不能苟且偷生。走上邪恶危险的道路，卷入祸难的事情，追求欲望的满足而伤及生命，进谗言，藏恶念而致死，君子应该珍惜生命，不应该做这些事；做忠孝的事而被害，做仁义的事而获罪，丧一身而保全家，捐躯而救国，在这些方面君子从不自责。自从梁朝乱离以来，我看到一些有名望的官吏和贤能的文士，面临危难，苟且求生，终于生既不能求得，还白白地遭致窘迫和污辱，真叫人愤懑。

9. 家庭内部如果取消体罚，孩子们的过失马上就会出现；刑罚用得不得当，那老百姓就无所措其手足。治家的宽仁和严格，也好比治国一样。

10. 教育感化这件事，是从上向下推行的，是从先向后施行影响的。所以父不慈就会子不孝，兄不友爱就会弟不恭敬，夫不仁义就会妇不温顺了。至于父虽慈而子要叛逆，兄虽友爱而弟要傲慢，夫虽仁义而妇要欺侮，那就是天生的凶恶之人，要用刑罚杀戮来使他畏惧，而不是用训诲诱导能改变的了。

（四）经典点评

这里谈及到了学习目的以及学习志向的问题。父母应营造一个良好的家庭教育环境，需要给予孩子正确的价值导向和积极的学习取向，教育子女不要认为学习是为了炫耀、为了自己，而是要为了求知、为了国家。只有学习志向是正确的、积极的，这样的学习才是有意义，有价值的。然而，在现实家庭教育中，随着市场经济意识

对家庭生活影响的不断加深，在人的主体意识生成的同时，也诱发了个人主义、拜金主义、重利轻义的倾向，不少家长向子女灌输的是成名成家、发家致富等思想，对科学文化知识的教育十分重视，对爱国主义、社会主义、理想信念的教育则相对薄弱，而对国家的强盛、民族的复兴更是关注甚少，尤其是对政治的淡漠，直接导致了立志为民、献身为国等理想的缺失。长此下去，势必会养成一代没有民族责任意识、没有理想信念的子孙，这对于一个国家是十分危险的，这不能不说是当今家庭教育中值得反思的问题。

如何才是合理的教子方法，主要看是否能够把握好教育的分寸，只有把握好分寸，才能有利于孩子的进步成长。由于社会的进步和发展，我国的家庭结构发生了改变，由传统的一家多个子女到现今的一家一个独生子女。正因为孩子和家长之间天然的血缘亲情，使得教育者在进行教育的过程当中充满着深切的关爱和呵护之情，但是爱要有度，爱要科学。往往在孩子犯错误的时候，父母因为心疼孩子而不愿意打骂训诫的做法，就像得病而不医治一样，是无法教好孩子的。人们溺爱子女，常常认为他们还小，还不懂事，等长大再管，就像树长大已歪，再去整治就费力了，只有以礼严格约束、规范子女的行为，才能教育好子女，将来才不会后悔。

勤俭一直是我国的传统美德，是古人一向重视的道德教育内容。改革开放三十多年以来，人们的生活水平逐步得到了改善，物质生活和精神生活都有了很大的变化，时代不同了，条件不同了，许多家长片面认为，一家就这么一个孩子，何必那么艰苦节约，自己和自己过不去。还有的认为，自己过去已经吃了那么多苦，现在可不能让这一代再吃苦受罪了。加之社会上一些贪图享乐的生活方式、消费倾向在不断地影响着人们，于是，父母放松或忽视了对孩子的俭约教育，很多时候让孩子养成了浪费的坏毛病和攀比的心理，这些问题都是值得我们深思的。孩子是祖国未来的栋梁，国家的明天需要这些孩子去创造，作为父母应该从培养社会主义接班人的角度、国家未来发展的角度出发，大力提倡勤俭这一传统美德，从而使其发扬光大。

自立自强是人生之本、成功之基，是现代人必具的基本素质。具有自立自强意识的人才能学会生存，不断发展，才能尊重劳动，尊重他人，富于创造力，推动社会进步。在颜之推看来，学习一技之长是自立的前提和根本，要具备一技之长则必须通过实学教育，俗话说“积财千万，不如薄技在身”。在教育子女的过程中，父母要培养孩子的自理习惯和独立精神，发现孩子的兴趣，尊重孩子的爱好，培养孩子的一技之长，要让孩子在社会当中能够学会生存。

中国素称“礼仪之邦”，在进行家庭教育的过程中把谦让也作为一个重要的道德教育内容。讲谦让，可以缓和矛盾，减少无谓的争端，这无论对家庭还是社会，都是一件好事。其次，先检讨自已有无过失，一再反躬自省，这既提高了个人的修养，又可化干戈为玉帛。而谦让精神对于我们人与人和谐相处，对于构建和谐社会仍有着重要的借鉴意义。

四、司马光家训

（一）作者简介

司马光（1019–1086年），字君实，号迂叟。生于宋真宗天禧三年，卒于宋哲宗元祐元年。宋陕州夏县（今山西省夏县）人。司马光是北宋政治家、文学家、史学家，历仕仁宗、英宗、神宗、哲宗四朝。他主持编纂了中国历史上第一部编年体通史《资治通鉴》。其子司马康，品学俱佳，历任校书郎、右正言等职。

（二）原文摘录

1.《孝经》曰："夫孝，天之经也，地之义也，民之行也。天地之经，而民是则之。"又曰："不爱其亲而爱他人者，谓之悖德；不敬其亲而敬他人者，谓之悖礼。以顺则逆，民无则焉。不在于善，而皆在于凶德。虽得之，君子不贵也。"又曰："五刑之属三千，而罪莫大于不孝。"孟子曰："不孝有五：惰其四肢，不顾父母之养，一不孝也；博弈好饮酒，不顾父母之养，二不孝也；好货财，私妻子，不顾父母之养，三不孝也；从耳目之欲，以为父母戮，四不孝也；好勇斗狠，以危父母，五不孝也。"夫为人子而事亲或亏，虽有他善，累百不能掩也，可不慎乎！

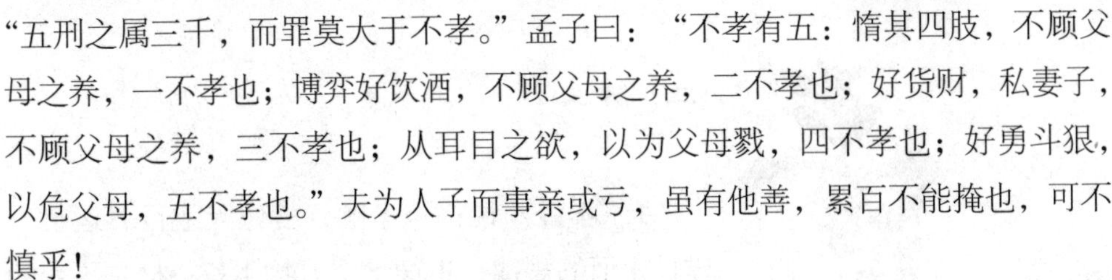

2. 孔子曰："今之孝者，是谓能养。至于犬马，皆能有养。不敬，何以别乎？"《礼》：子事父母，鸡初鸣，咸盥漱，盛容饰以适父母之所。父母之衣衾、簟席、枕几不传，杖、屦祗敬之，勿敢近。敦牟、卮，非馂莫敢用。在父母之所，有命之，应唯敬对，进退周旋慎齐。升降、出入揖逊。不敢哕噫、嚏、咳、欠、伸、跛、倚、睇视，不敢唾洟。寒不敢袭，痒不敢搔。不有敬事，不敢袒

裼。不涉不撅。为人子者，出必告，反必面。所游必有常，所习必有业，恒言不称老。

3. 曾子曰："身也者，父母之遗体也。行父母之遗体，敢不敬乎？居处不庄，非孝也；事君不忠，非孝也；莅官不敬，非孝也；朋友不信，非孝也；战阵无勇，非孝也。五者不遂，灾及其亲，敢不敬乎？亨熟膻芗，尝而荐之，非孝也。"君子之所谓孝也，国人称愿，然曰："幸哉，有子如此！所谓孝也已。"为人子能如是，可谓之孝有终矣。

4. 齐攻鲁，至其郊，望见野妇人抱一儿、携一儿而行。军且及之，弃其所抱，抱其所携而走于山。儿随而啼，妇人疾行不顾。齐将问儿曰："走者尔母耶？"曰："是也。""母所抱者谁也？"曰："不知也。"齐将乃追之。军士引弓将射之，曰："止！不止，吾将射尔。"妇人乃还。齐将问之曰："所抱者谁也？所弃者谁也？"妇人对曰："所抱者，妾兄之子也；弃者，妾之子也。见军之至，将及于追，力不能两护，故弃妾之子。"齐将曰："子之于母，其亲爱也，痛甚于心，令释之而反抱兄之子，何也？"妇人曰："己之子，私爱也。兄之子，公义也。夫背公义而向私爱，亡兄子而存妾子，幸而得免，则鲁君不吾畜，大夫不吾养，庶民国人不吾与也。夫如是，则胁肩无所容，而累足无所履也。子虽痛乎，独谓义何？故忍弃子而行义。不能无义而视鲁国。"于是齐将案兵而止，使人言于齐君曰："鲁未可伐。乃至于境，山泽之妇人耳，犹知持节行义，不以私害公，而况于朝臣士大夫乎？请还。"齐君许之。鲁君闻之，赐束帛百端，号曰"义姑姊"。

（三）译文

1.《孝经》说："孝顺，就像天上日月运行一样是永恒的规律，也像地上万物生长一样是不变的法则，更是天下民众的行为准则。天地间的规律，万民都要遵循。"又说："不喜爱自己的亲人却去喜爱他人，这叫作违背道德；不敬重自己的父母却敬重别人，这是违反礼法。君王训导万民要尊敬爱戴父母，而有的人却违背道德和礼法，这种人即使

能得志，君子也不以此为贵。”又说：“五种刑罚的罪状包括三千条，而其中罪恶最大的就是不孝。”孟子说：“不孝顺有五种情状：好逸恶劳，不顾父母的养育之恩，这是第一种不孝；沉湎于赌博和酗酒，不顾父母的养育之恩，这是第二种不孝；贪图钱财，只顾自己的妻子儿女，却不顾父母的养育之恩，这是第三种不孝；寻欢作乐，给父母带来耻辱，这是第四种不孝；喜欢打架斗殴而危及父母，这是第五种不孝。”作为人子，在侍奉父母方面如果做得不够，即便其他的长处优点再多，也不能掩盖他的罪过。所以为人子女能不小心谨慎吗？

2. 孔子说：“如今的所谓孝子，仅仅称得上是能够赡养父母。但是狗和马，不也被养着吗？如果赡养父母不表现出恭敬来，那么这与养狗养马又有什么区别呢？”《礼记》说：子女侍奉父母，在鸡刚叫的时候就要起床洗漱，穿戴整齐去拜见父母。父母所用的衣被、炕席、枕头等，不能去随便移动，即便是对父母的拐杖和鞋子，也要恭恭敬敬，不能随便靠近。父母使用的食器、酒具，在父母用完之后，才能使用。在父母的居所，如果父母有所吩咐，应答都要唯唯诺诺、恭恭敬敬。进退周旋要谨慎而庄重，举止行动要有礼而谦逊，不能放肆地打嗝儿、打喷嚏、咳嗽、打哈欠、伸懒腰、跛行、斜靠、斜眼看人看物，也不能随便吐唾沫、擤鼻涕。即便是冷，也不能在衣服外边再套衣服；即便是痒，也不能去搔。如果不是受父母之命，不敢随便脱去外边的衣服。自己身上的衣服要穿戴齐整，不要拖来拖去，或随便撩起来。为人之子，出门必须向父母告辞，回家必须向父母问安。出游必须有规矩，学习必须有所立业，说话不能摆资格。

3. 曾子说：“身体，是父母所给的。对于父母留给的身体，子女敢不恭敬对待吗？所以子女居家处事不庄重，就是不孝顺；侍奉君主不忠诚，就是不孝顺；做官不奉公守法就是不孝顺；交友而不讲信用就是不孝顺；在战场上不勇敢就是不孝顺。不具备以上五种孝顺，灾祸将殃及父母，能不恭敬从事吗？烹

熟牛羊肉，尝过之后献给父母，这算不上孝顺。君子所说的孝顺，指的是国人对父母称赞说："幸福啊，你有这样的子女！这才是所说的孝顺。"作为子女，能够做到这些，就可以称得上是为孝而能尽善尽美，善始善终。"

4. 齐国的军队攻打鲁国，到了鲁国的郊外，望见原野上有个妇女怀里抱着一个小孩，手里拉着一个小孩赶路。军队快追上去的时候，那妇女放下怀里抱着的孩子，抱起手里牵着的小孩逃到山里。那个被放下的小孩在后边啼哭，可妇女依然飞快地行走，并不理会。齐军将领问那个哭泣的小孩："逃跑的妇女是你的母亲吗?"小孩回答说："是的。""你母亲抱的小孩是谁?""不知道。"齐军将领就去追那个妇女，士兵引弓搭箭准备射她，并喊道："站住！不站住，就射死你。"妇女只好回转身来。齐国的将领问她："你抱的小孩是谁？丢下的那个小孩是谁?"妇女回答说："怀里抱的，是我哥哥的儿子；丢下的，是我自己的儿子。看见军队快要追赶上来，我无力同时保护两个孩子，就舍弃了我自己的儿子。"齐国的将领说："儿子对于母亲来说，那是最疼爱不过的，你现在却丢弃亲儿子，反抱着哥哥的孩子跑，这是为什么?"妇人说："疼爱自己的孩子，那是一种个人感情；救兄长的孩子，那是一种公共道德。如果我违背公共道德而偏私个人感情，丢弃兄长的孩子而救我自己的孩子，就算是幸免于难，鲁国的国君也会因此不愿再要我这样的臣民，鲁国的大夫也不愿再去养我，国内的一般百姓也以与我为伍为耻。果真这样的话，我以后根本没有容身之所，也没有迈步之地。这样说来，虽然很心疼儿子，但道义上怎么办呢？所以我忍心丢下儿子来保全道义。不能让人认为鲁国没有道义。"听了这个妇人的话，齐国的将领竟按兵不动，他派人报告齐国的国君说："现在不能征伐鲁国。我们来到鲁境，连一个山野妇人都懂得守节操行道义，不以私害公，更何况是他们的朝臣和士大夫呢？所以我们请求退兵。"齐国的国君同意了这个意见。后来，鲁国的国君听说了这件

事，赐给这个妇女束帛百端（端，古布帛长度名），并给了她一个“义姑姊”的称号。

（四）经典点评

孝是民族团结、兴旺的精神基础，是中华民族凝聚力的核心。

中国自古是礼仪道德之邦，强调做人要以道德为上，而孝敬父母是最淳朴、最基本的一种品德。传统的，就是根本的；民族的，才是世界的。因孝而产生的个人行为和社会功效，是千百年来维系中华文明绵延不断、长盛不衰的内在的根本原因之一，它已经成为我们民族的道德基因。在中国人看来，孝是一切美德的基本，一个人对生养自己的父母都不爱，怎么有可能去真诚地爱他人呢？

司马光在《家范》中对子孙辈的首要要求是孝。他指出子孙不孝有五种表现：“惰其四肢，不顾父母之养”，“博奕好饮酒，不顾父母之养”，“好货财私妻子，不顾父母之养”，“从耳目之欲，以为父母戮”，“好勇斗狠以危父母”这“五不孝”虽是针对子孙对待父母而言，但若是放在社会上，这些懒惰、酗酒、赌博、贪财、自私、放纵耳目之欲、好勇斗狠等行为，也实属干扰社会、败坏道德之劣行。如果人人都摒弃这些劣行，那他不但是家庭中的孝子，也是社会上的良民。司马光还认为，子孙孝父母，首先要做到敬。他引用孔子的话说：“今之孝者，是谓能养。至于犬马，皆能有养，不敬何以别乎？”仅仅赡养父母，这是连动物都做得到的，重要的在于敬重，“冬温夏清，晨昏定省”，照顾周全，听从父母的教诲，注意自己的名声，在精神上给父母以安慰。

现代社会生活节奏加快，社会流动性增强，也影响了人们对于“孝”的认识。很多人都在承受事业和家庭的双重重担，在巨大压力面前，更多的人选择了将事业放在首位，家庭意识淡化。因此，传统的“父母在，不远游”的行孝方式在当今也发生了根本性的改变。人们对于“孝”的认识仅仅停留在经济上的赡养，不去关心生活上的照料和精神上的慰藉问题。提倡孝道，倡导孝敬父母，是培养人道意识的起点。我们每一个人首先要从爱自己的双亲做起，然后推己及人，逐步做到爱天下的父母，爱天下的人。试想一个人连自己的父母都不爱，怎么可能爱天下的父母呢？我们在道德教育上，教导人们爱祖国，爱人

民是对的，但不从爱父母讲起，这种爱的教导会显得空乏无力而又缺乏根基。我们要依据人们实际道德水平的不同层次，提出不同的要求，采取相应的办法，爱父母对幼儿、青少年来说是道德教育的起点，对于那些冷漠、粗野、愚昧、自私，连父母都不爱的人，也应首先进行爱父母的启蒙教育，激发他们的道德情感，唤起良心，促使他们迷途知返。

赡养父母、孝敬父母是每个做子女的道德责任和义务，是人伦之基础。随着老人数量的增加，人口老龄化社会的到来，老人赡养问题日益严重。不尊敬老人，不愿赡养父母的事时有发生。有的人看到自己的父母年老多病，就以种种理由拒绝赡养；有的人宁愿花十万元买一条狗养着，也不愿缴纳几百元赡养老人的费用；甚至有的人为摆脱“包袱”，虐待、遗弃老人。这种违反人伦道德的行为严重败坏了社会风气，背离了社会主义的敬老原则和中华民族的传统美德，必须给予谴责、制止、处罚。提倡孝道，倡导孝敬父母，是当今社会生活所必要的，也是符合中国国情的。我们要使老人“老有所养、老有所依、老有所学、老有所乐”，从而让老人得到精神上和物质上的双重慰藉。

提倡孝道，倡导孝敬父母，有利于稳定社会秩序，发展社会经济和文化。试想，一个人在家里不孝敬父母，没有体验到孝敬父母的快乐，在社会上能够尊重人、帮助人吗？因此，爱父母、敬老人是道德教育的起点，也是道德修养的起点，它既能展现出一个人的道德品质，又能反映出一个社会的道德风貌。

如果我们在道德教育中以“孝”为先，提倡孝道，由尊敬父母进而推广到全社会的尊老爱幼，整个民族的文明素质提高了，社会风气就会大大改观，社会环境就会安定祥和，社会主义的精神文明和市场经济就必然能得到进一步的繁荣发展。

父母含辛茹苦把子女拉扯大，付出了许多心血，子女必然产生一种回报心理，这就是“孝”的神髓，进而扩展到对师

长的回报之心，对社会的回报之心。因为在人生道路上，人们的所得、有许多源于别人所施，大自然所赐，因而要有一种感恩之心，即对天地的敬畏之心，对民族、国家、事业的忠诚之心，对朋友的关爱之心，对社会、自然的爱护之心。有感恩之心，才会做恭敬之人，才会用心，才会诚信。总而言之，德是从感恩培养出来的，所以说百善孝为先。

花有开有谢，树有荣有枯，人有少有老，这是自然规律，谁也抗拒不了。谁都有年老的那一天，作为父母要以身示范，对老人要多加关爱，其实关爱老人就是关爱自己，对父母不孝等于对自己不敬。今天你孝敬父母，明天儿女孝敬你，周而复始。因此，孝敬和赡养老人是一种社会责任，是一种社会文明，也是奠定和谐社会的基础。如果父母给孩子作出了榜样，那么孩子将来也会孝敬父母。

2008 年 5 月 12 日，四川汶川等地发生了大地震，在抗震救灾的过程中有许多感人至深的救人故事，有的人舍弃了自己的孩子却把别人的孩子从将要塌陷的房屋里救了出来，这种精神让我们钦佩。从历史上看，中华民族之所以千劫不灭，万难不屈，危而复安，弱而复强，衰而复起，仆而复振，生生不息，永不沉沦，至今昂然屹立于世界民族之林，就是因为有一代又一代铮铮铁骨者将正义、真理、气节和浩然正气世世相承、代代相传，维系了民族的生存和发展。这些崇高气节、砥砺情操的优良传统，培育了中国优秀知识分子和广大人民的正义感、是非观，形成了民族的浩然正气，中国五千年文明从未中断，就是凭借着这些浩然正气。作为家长应该把这些精神教授给子女，让这些传统美德继续传承下去。

五、陆游家训

（一）作者简介

陆游（1125-1210年），南宋诗人，字务观，号放翁，越州山阴（今浙江绍兴）人，他始终坚持抗金，在仕途上不断受到当权派的排斥打击。陆游是我国杰出的爱国诗人，在他一生所做的九千多首诗中，始终贯穿和洋溢着强烈的爱国主义精神，其作品在思想上、艺术上取得了卓越成就，生前即有“小李白”之称，不仅成为南宋一代诗坛领袖，而且在中国文学史上享有崇高地位。

（二）原文摘录

1. 昔唐之亡也，天下分裂，钱氏崛起吴越之间，徒隶乘时，冠履易位。吾家在唐为辅相者六人，廉直忠孝，世载令闻。念后世不可事伪国，苟富贵，以辱先人，始弃官不仕，东徙渡江，夷于编氓。孝悌行于家，忠信著于里，家法凛然，久而弗改。宋兴，海内一统。祥符中，天子东封泰山，于是陆氏乃与时俱兴。百余年间，文儒继出，有公有卿，子孙宦学相承，复为宋世家，亦可谓盛矣！

天下之事，常成于困约，而败于奢靡。游童子时，先君谆谆为言，太傅出入朝廷四十余年，终身未尝为越产，家人有少变其旧者，辄不怿。其夫人棺才漆。四会婚姻，不求大家显人。晚归鲁墟，旧庐一椽不加也。

游生晚，所闻已略，然少于游者，又将不闻。而旧俗方已大坏，厌藜藿、慕膏粱，往往更以上世之事为讳。使不闻，此风放

而不还，且有陷入危辱之地，沦为市井降于皂隶者矣！复思往时父子兄弟相似，居于鲁墟，葬于九里，安乐耕桑之业，终身无愧悔可得耶！呜呼！仕而至公卿，命也；退而为农，亦命也！若夫挠节以求贵，市道以营利，吾家之所深耻，四孙戒之！尚无坠厥初。

吾承先人遗业，家本不至甚乏，亦可为中人之产，仕宦虽龃龉，亦不全在人后。恒素不闲生事，又赋分薄，俸禄入门，旋即耗散。今已悬车，目前萧然，意甚安之，他人或不谅，汝辈固不可欺也。

2. 后生才锐者，最易坏，若有之，父兄当以（之）为忧，不可以（之）为喜也。切须常加简束，令熟读经学，训以宽厚恭谨，勿令与浮躁薄者游处。自此十许年，志趣自成。不然，其可虑之事，盖非一端。吾此言，后生之药石也，各须谨之，毋殆后悔。

3. 死去元知万事空，但悲不见九州同。王师北定中原日，家祭无忘告乃翁。

（三）译文

1. 从前，唐朝灭亡以后，天下四分五裂，吴越王钱镠崛起于两浙一带。布衣奴仆乘机纷纷起事，世上的尊卑贵贱发生了变化。我们陆家在唐朝做过宰相的有六人，个个廉洁正直，忠诚孝顺，世代盛传美名。后来不愿贪图富贵屈膝侍奉伪朝，恐有辱先人，于是开始弃官不做，举家南迁渡过长江，从此沦为一般平民百姓。尽管如此，孝敬父母，友爱兄弟的家风却从未丢弃，且仍以忠诚、守信著称乡里，家法很严，这种状况一直不曾改变。宋朝建立，天下一统，祥符年间，真宗皇帝封禅于泰山，就在此时，陆氏家族又开始兴旺起来。此后百余年间，文豪名儒相继出现，或位列三公，或官拜九卿，子孙也都致力于仕途或潜心于治学，代代相承，从此，又成为宋朝世家大族，可以说是昌盛无比了。

天下之事，常常是在贫困俭约中成功，而在奢侈腐化中失败。我很小时，父亲曾严肃地对我讲起先祖在朝中为太子太傅四十余年，终身未曾积累更多的财产，家里人在生活上稍稍要改变一下，他就很不高兴。他的夫人去世时棺木

仅上了一道漆，他四次结婚，都没有追求大家显贵之人。晚年回到鲁墟老家，还住原来的旧房子，一根椽子也没有再增加。

我出生较晚，听到的事情很简略，但是比我更小的，恐怕更听不到什么了。原来好的风俗现在已经变坏，讨厌粗茶淡饭，羡慕美味佳肴，且常常讳言前代祖先的事。不知祖先的事，又不能恢复旧日风俗，就有可能招来危险和羞辱，以至沦为市井小民，或降身为奴仆！回想从前祖先们父子兄弟一起住在鲁墟，死后安葬在九里，安心于农耕植桑，真是一辈子也不感到惭愧后悔啊！做官位至公卿，或隐退为农民，都是命，那种屈节折腰以求高官显位，重利忘义的做法，我们陆家深以为耻，子子孙孙当引以为戒，希望不要损害陆家的名声。

我继承了先人的遗产，家境本来不算贫困，也算得上是中等人家的产业吧，官场上尽管不很顺利，但也没有落在别人后面，平生不善于持家理财，土地税收又很少，官俸一到手，马上就用完了。现在我已 70 岁了，退休在家，生活虽然清贫，但心中却很安然。别人也许对此不理解，但却没必要欺骗你们。

2. 后辈中锋芒毕露的人最容易变坏，倘若有这样的人，做父兄的应当引以为忧，而不可以高兴。一定要经常认真地严加管教，令他们熟读儒家经典和诸子百家，训导他们做人必须宽容、厚道、恭敬、谨慎，不要让他们与游手好闲的人来往和相处。这样经过十多年，志向和情趣自然养成。要不然，可以忧烦的事情决非一件。这些话，是年轻人治病的药和石针，都应当谨慎对待，不要留下后悔。

3. 我本来知道人死了就什么也没有了，只是因为没有亲眼看到祖国的统一而感到悲伤。官军收复北方领土的那一天，在家里祭祀祖先的时候，千万不要忘记（把这件事情）告诉你们的父亲。

（四）经典点评

“由俭入奢易，由奢入俭难”，这个道理人们都颇有感触。勤俭是古人留给我们的一笔财富，骄奢习气是绝对要不得的。中华民族具有勤劳质朴的传统，在这些家训中先人们再三叮嘱子孙要勤俭持家，切勿奢侈浪费，“俭，德之共也；奢，恶之大也。”这种崇尚勤俭节约，反对奢侈浪费的思想，是我们中华民族的传统美德，也是我国古代家训文化中的一大精华，对于我们现在的社会仍

不失其借鉴意义。勤以防堕，俭以养廉。勤俭是一个人成长中最重要的品德要求。一个人如能处处节约，则必事事能约束自己，不会肆意妄为，即使走上仕途，供职于他乡也定能保持廉洁。相反，在家若奢侈，则为官也必定会走向腐败。所以俭约品德的培养，必须从小开始，从衣食住行等家庭日常生活入手。“谁知盘中餐，粒粒皆辛苦”不就是一代传了一代吗？“成由勤俭败由奢”的谚语讲的就是这个道理，作为父母要教育孩子认识到勤俭的重要性，要引导孩子节俭，这样才能避免攀比之风，不至于使人沉迷于享受，不思进取。

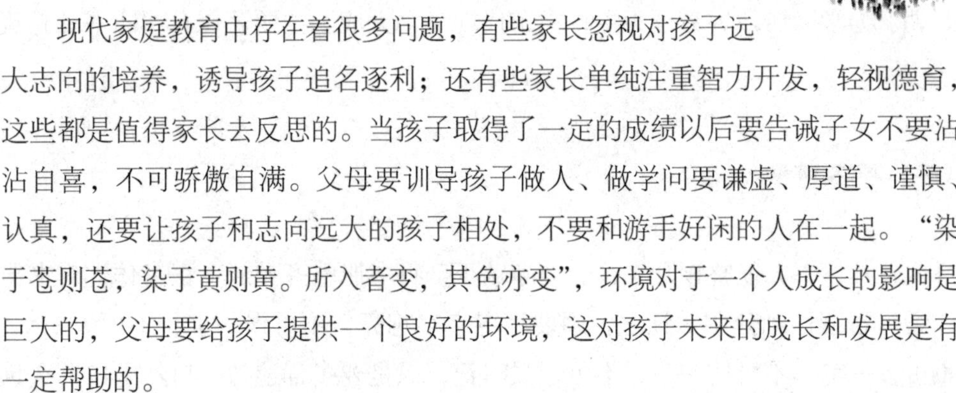

现代家庭教育中存在着很多问题，有些家长忽视对孩子远大志向的培养，诱导孩子追名逐利；还有些家长单纯注重智力开发，轻视德育，这些都是值得家长去反思的。当孩子取得了一定的成绩以后要告诫子女不要沾沾自喜，不可骄傲自满。父母要训导孩子做人、做学问要谦虚、厚道、谨慎、认真，还要让孩子和志向远大的孩子相处，不要和游手好闲的人在一起。“染于苍则苍，染于黄则黄。所入者变，其色亦变”，环境对于一个人成长的影响是巨大的，父母要给孩子提供一个良好的环境，这对孩子未来的成长和发展是有一定帮助的。

爱国，是历代文人志士笔下永恒的题材。文人充满情感的笔下，有不少脍炙人口的名句。陆游的这首气壮山河的绝笔诗，集中体现了诗人的爱国精神、恢复中原的壮志，表达了诗人对正义事业必将胜利的信心，寄托着诗人在跳动着最后的脉搏时无限的希望。

热爱祖国不仅是首要的、最基本的道德要求，同时也是每个中华儿女对祖国深厚感情的集中体现。爱国主义是我们中华民族几千年来凝结起来、积淀起来的对祖国最纯洁、最高尚、最神圣的感情，是各民族人民共同的精神支柱，是民族、国家自强不息的强大凝聚力和生命力的根本体现。爱国是一种奉献，只要祖国需要，就把自己的一切无条件、无保留地奉献出来；爱国是一种尊严，在对祖国的热爱中产生的是勇敢、智慧、忠诚；爱国是一种信念，不论祖国是贫弱还是富强，我们都深深地爱她。祖国的兴衰荣辱永远和我们的命运连在一起，作为家长要教育子女要有崇高的理想和高尚的爱国主义精神，让孩子从小就懂得爱自己的祖国，父母要担负起这一责任。

六、朱熹家训

（一）作者简介

朱熹（1130–1200年），字元晦，后改仲晦，号晦庵，别号紫阳，祖籍徽州婺源（今属江西）人。我国南宋时期著名理学家、思想家、哲学家，诗人。19岁时，以建阳籍参加乡试，贡试，荣登进士榜。历仕高宗、孝宗、光宗、宁宗四朝。为学以居敬、穷理为主，集宋代理学之大成。主要著作有《四书章句集注》等。

（二）原文摘录

1. 凡读书，须整顿几案，令洁净端正。将书册整齐顿放，正身体，对书册详缓，看字仔细分明。读之，须要读得字字响亮，不可误一字，不可少一字，不可多一字，不可倒一字，不可牵强暗记，只是要多诵遍数，自然上口，久远不忘。古人云："读书千遍，其义自见。"谓读得熟，则不待解说，自晓其义也。余尝谓读书有三到，谓心到、眼到、口到。心不在此，则眼不看仔细，心眼既不专一，却只漫浪诵读，决不能记。记亦不能久也。三到之中，心到最急，

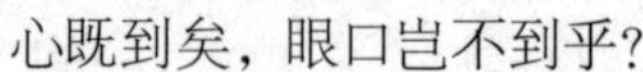
心既到矣，眼口岂不到乎？

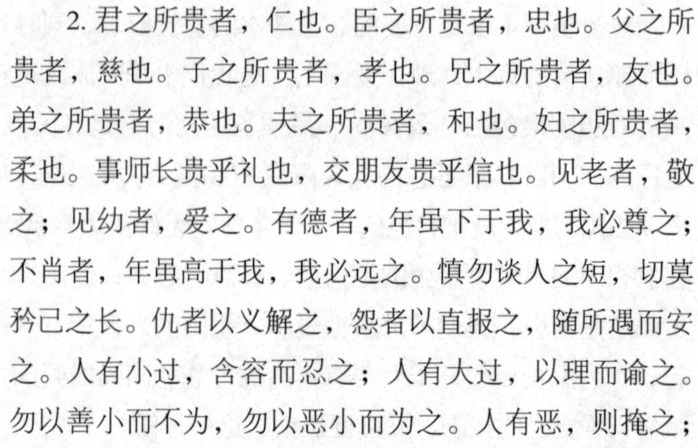
2. 君之所贵者，仁也。臣之所贵者，忠也。父之所贵者，慈也。子之所贵者，孝也。兄之所贵者，友也。弟之所贵者，恭也。夫之所贵者，和也。妇之所贵者，柔也。事师长贵乎礼也，交朋友贵乎信也。见老者，敬之；见幼者，爱之。有德者，年虽下于我，我必尊之；不肖者，年虽高于我，我必远之。慎勿谈人之短，切莫矜己之长。仇者以义解之，怨者以直报之，随所遇而安之。人有小过，含容而忍之；人有大过，以理而谕之。勿以善小而不为，勿以恶小而为之。人有恶，则掩之；

人有善，则扬之。处世无私仇，治家无私法。勿损人而利己，勿妒贤而嫉能。勿称忿而报横逆，勿非礼而害物命。见不义之财勿取，遇合理之事则从。诗书不可不读，礼义不可不知。子孙不可不教，童仆不可不恤。斯文不可不敬，患难不可不扶。守我之分者，礼也；听我之命者，天也。人能如是，天必相之。

（三）译文

1. 凡读书时，必须整理几案，将其擦拭干净，摆放端正。将书册整齐摆放，端正身体，正对书册详观，字要看分明。读书时，定要字字读得响亮，不可误一字，不可少一字，不可多一字，不可倒一字，不可勉强背诵，只要一遍遍地多读，自然能熟练，长期不忘。古人说："读书千遍，其义自见。"意思是书读得熟了，无须老师讲解，也能自晓其义。我曾经说过读书有三到：心到、眼到、口到。心如不到，眼就会看不仔细。心、眼都不专一，却在那里高一声低一声地诵读，决然不会记住，记也不会记长久。三到之中，心到最重要，心既然到了，眼、口岂有不到之理？

2. 当国君所珍贵的是"仁"，爱护人民。当人臣所珍贵的是"忠"，忠君爱国。当父亲所珍贵的是"慈"，疼爱子女。当子女所珍贵的是"孝"，孝顺父母。当兄长所珍贵的是"友"，爱护弟弟。当弟弟所珍贵的是"恭"，尊敬兄长。当丈夫所珍贵的是"和"，对妻子和睦。当妻子所珍贵的是"柔"，对丈夫温顺。侍奉师长要有礼貌，交朋友应当重视信用。遇见老人要尊敬，遇见小孩要爱护。有德行的人，即使年纪比我小，我一定尊敬他；品行不端的人，即使年纪比我大，我一定远离他。不要随便议论别人的缺点，切莫夸耀自己的长处。对有仇隙的人，用讲事实摆道理的办法来解除仇隙，对埋怨自己的人，用坦诚正直的态度来对待他，不论是得意或顺意或困难逆境，都要平静安详，随遇而安。别人有小过失，要谅解容忍；别人有大错误，要按道理劝导帮助他。不要因为是细小的好事就不去做，不要因为是细小的坏事就去做。别人做了坏事，应该帮

助他改过，不要宣扬他的恶行；别人做了好事，应该多加表扬。待人办事没有私人仇怨，治理家务不要另立私法。不要做损人利己的事，不要妒忌贤才和怨恨有能力的人。不要声言愤愤对待蛮不讲理的人，不要违反正当事理而随便伤害人和动物的生命。不要接受不义的财物，遇到合理的事物要拥护。不可不勤读诗书，不可不懂得礼义。子孙一定要教育，童仆一定要怜恤。一定要尊敬有德行有学识的人，一定要扶助有困难的人。这些都是做人应该懂得的道理，每个人尽本分去做才符合“礼”的标准。这样做也就完成了天地万物赋予我们的使命，顺乎“天命”的道理法则。人如果做到这些，老天都会帮助他。

（四）经典点评

读书要“心到，眼到，口到”，这里提及的是学习态度。在现实生活当中有的孩子学习态度不端正，没用一个积极的、求知的态度来对待学习，认为学习是给老师、父母学的，所以读书的时候总是三心二意，不能全心全意用心地去读书，而这样的学习是徒劳的。作为父母要端正孩子的学习态度，让孩子乐于学习，引导孩子主动去学习。“书读千遍，其义自见”，读书在于用心，在于思考。只有孩子主动学习，他才能“读千遍，懂其义”。父母要培养孩子正确的学习态度和学习方法，只有这样才能培养孩子自主学习的能力，才能让孩子乐于学习，学会学习。

家庭自古以来就是社会的基本细胞。对每一个人来说，家庭是人生的起点，也是休息和生活的港湾，无论谁都离不开家庭的支持与帮助。营造一个温馨的家，创造和睦的家庭生活，无论是过去还是将来，都是人们追求的亘古不变的目标。朱熹《家训》为实现这样的目标提供了一个理论上的指南。他要求父母对子女要“慈”、“爱”。他认为“父之所贵者，慈也”。所谓“慈”，即父母要疼爱子女。父母对子女的爱必须是至善的爱。但是父母对子女千万不可溺爱，溺爱是害。特别是当代社会，由于大都是独生子女，父母乃至爷爷奶奶对孩子都视为掌上明珠，一味迁就，百般疼爱，养成了孩子唯我独尊、任性的性格，许多家庭的孩子出现了攻击性强，骄横跋扈，

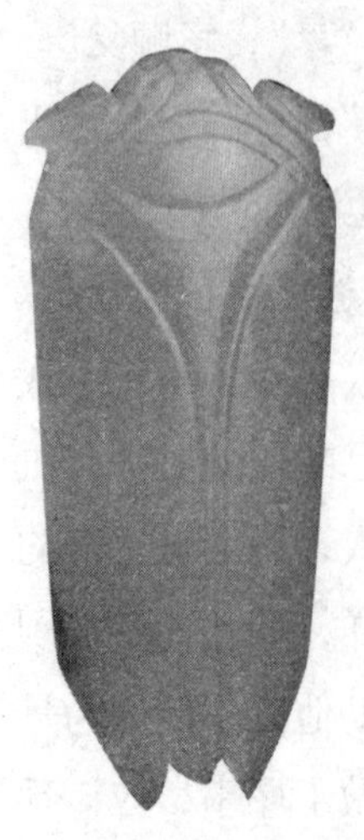

狭隘偏执等不良品行，这为我们的家庭教育敲响了警钟。朱熹《家训》要求子女对父母要“孝”。“子之所贵者，孝也”。世界上的爱很多，但只有一种爱是本能的、不讲回报、心甘情愿的，那就是父母对子女的爱，这种爱植根于生命之中，是最执着、最真诚、最持久的。对子女的爱是一切生命与生俱来的本性，是一个弱小生命降临世间所得到的第一馈赠。而作为子女，当独立之后就应当主动承担赡养老人的责任与义务，使老人安度晚年，不仅在物质上关心父母，更应在精神上关心父母，在父母面前要保持和气，平常要多问寒问暖。朱熹在文中特别强调，在人际交往过程中，要坚持从我做起，即要努力做到“慎勿谈人之短，切勿矜己之长”，在与人交往中，不要随便揭别人的短处，背后说人家的坏话，伤害别人的感情；也不要因为自己有所长或工作有了成绩，就自我显耀而瞧不起别人，为人应当保持谦逊的本色，切不可骄傲自大，目中无人，也只有这样，人与人之间的交往才能和谐。当与人发生冲突的时候，解决矛盾的方法则是“仇者以义解之，怨者以直报之”。仇恨自己的人要用情谊来化解他，怨恨自己的人要用诚心去回报，用平静的心态、平和的方式去化解矛盾，切勿以仇报仇、以怨报怨，无论在什么环境下和人发生不愉快的事时，不要记恨于心，要学会理解和宽容。别人有小的过错要用宽容的态度对待，别人有大的错误时也要用道理使其明白错误的地方，促其改正。《家训》中还指出“事师长贵乎礼也，交朋友贵于信也”“见老者，敬之，见幼者，爱之”。在人与人交往的过程中要尊敬长辈，爱护晚辈，对待朋友要真诚，要讲信义。如果社会上的每一个人都能做到这些，那么就会构建一个文明、和谐的社会。他在《家训》中还指出“有德者虽年下于我，我必尊之；不肖者，虽年高于我，我必远之”，这与我们当前社会所倡导的“以德为首”的教育思想有着相似之处。尊重有“德”的人，只有这样中华民族的优良传统才可以延续下去。他还指出“勿以善小而不为，勿以恶小而为之”，无论这件善事多么小也要积极地做，把它做好；无论这件恶事多么小也不要去做，坚决不做。父母要教育子女多帮助别人，“与人方便，自己方便”。他还指出“诗书不可不读，礼义不可不知”，认为读书才可以修德，识礼才可以养气，人因读书而美丽，人因识礼而高雅，二者不可偏废。朱熹在《家训》中还以“勿损人而利己”、“不义之财勿取，遇合理之事则从”进一步阐述了做人的行为准则。不能因为个人利益而损害人民利益，不能因为当代的利益而损害后代的利益。他还指出“斯文不可不敬，患难不可不扶。守我之分者，礼也”。他认为，对有知识涵养的人要尊敬，对有困难的人要帮助，这些都是为人应做的，都是做人的本分。

七、朱子家训

（一）作者简介

《朱子家训》又名《朱子治家格言》、《朱柏庐治家格言》，是以家庭道德为主的启蒙教材。作者朱柏庐（1617–1688年），名用纯，字致一，自号柏庐，江苏昆山县人。著名理学家、教育家。《朱子家训》仅五百二十二字，精辟地阐明了修身治家之道，将中国几千年形成的道德教育思想以名言警句的形式表达出来，用它来经营家庭和教育子女。

（二）原文

黎明即起，洒扫庭除，要内外整洁。既昏便息，关锁门户，必亲自检点。一粥一饭，当思来处不易；半丝半缕，恒念物力维艰。宜未雨而绸缪，毋临渴而掘井。自奉必须俭约，宴客切勿留连。器具质而洁，瓦缶胜金玉。饮食约而精，园蔬愈珍馐。勿营华屋，勿谋良田。三姑六婆，实淫盗之媒；婢美妾娇，非闺房之福。童仆勿用俊美，妻妾切忌艳妆。祖宗虽远，祭祀不可不诚；子孙虽愚，经书不可不读。居身务期质朴，教子要有义方。勿贪意外之财，勿饮过量之酒。与肩挑贸易，勿占便宜；见贫苦亲邻，须多温恤。刻薄成家，理无久享；伦常乖舛，立见消亡。兄弟叔侄，须分多润寡；长幼内外，宜法肃辞严。

听妇言，乖骨肉，岂是丈夫；重资财，薄父母，不成人子。嫁女择佳婿，毋索重聘；娶媳求淑女，毋计厚奁。见富贵而生谄容者，最可耻；遇贫穷而作骄态者，贱莫甚。居家戒争讼，讼则终凶；处世戒多言，言多必失。毋恃势力而凌逼孤寡，勿贪口腹而恣杀牲禽。乖僻自是，悔误必多；颓惰自甘，家道难成。狎昵恶少，久必受其累；屈志老成，急则可相依。轻听发言，安知非人之谮诉，当忍耐三思；因事相争，安知非我之不是，需平心暗想。施惠勿念，受恩莫忘。

凡事当留余地，得意不宜再往。人有喜庆，不可生妒忌心；人有祸患，不可生喜幸心。善欲人见，不是真善；恶恐人知，便是大恶。见色而起淫心，报在妻女；匿怨而用暗箭，祸延子孙。家门和顺，虽饔飧不继，亦有余欢；国课早完，即囊橐无余，自得至乐。读书志在圣贤，非徒科第；为官心存君国，岂计家身。守分安命，顺时听天。为人若此，庶乎近焉。

（三）译文

每天早晨黎明就要起床，先用水来洒湿庭堂内外的地面，然后扫地，使庭堂内外整洁；到了黄昏便要休息并亲自查看一下要关锁的门户。对于一顿粥或一顿饭，我们应当想着来之不易；对于衣服的半根丝或半条线，我们也要常念着这些物资的产生是很艰难的。凡事先要准备，像没到下雨的时候，要先把房子修补完善，不要临时抱佛脚，等到了口渴的时候，才想起来掘井。自己生活上必须节约，聚会在一起吃饭切勿流连忘返。餐具质朴而干净，虽是用泥土做的瓦器，也比金玉制的好；食品节约而精美，虽是园里种的蔬菜，也胜于山珍海味。不要营造华丽的房屋，不要图买良好的田园。社会上不正派的女人，都是荒淫和盗窃的媒介；美丽的婢女和娇艳的姬妾，不是家庭的幸福。家僮、奴仆，不可雇用英俊美貌的，妻、妾切不可有艳丽的妆饰。祖宗虽然离我们年代久远了，祭祀却要虔诚；子孙虽然愚笨，五经、四书却要诵读。自己生活节俭，以做人的正道来教育子孙。不要贪不属于你的财，不要喝过量的酒。和做小生意的挑贩们交易，不要占他们的便宜；看到穷苦的亲戚或邻居，要关心他们，并且要对他们有金钱或其他的援助。对人刻薄而发家的，决没有长久享受的道理；行事违背伦常的人，很快就会消亡。兄弟叔侄之间要互相帮助，富有的要资助贫穷的；一个家庭要有严正的规矩，长辈对晚辈言辞应庄重。听信妇人挑拨，而伤了骨肉之情，哪里配做一个大丈夫呢？看重钱财，而薄待父母，不是为人子女的道理。嫁女儿，要为她选择贤良的夫婿，不要索取贵重的聘礼；娶媳妇，须求贤淑的女子，不要贪图丰厚的嫁妆。看到富贵的人，便做出巴结讨好的样子，是最可耻的，遇着贫穷的人，便作出骄傲的态度，是鄙贱不过的。

居家过日子，禁止争斗诉讼，一旦争斗诉讼，无论胜败，结果都不吉祥；处世不可多说话，言多必失。不可用势力来欺凌压迫孤儿寡妇，不要贪口腹之欲而任意地宰杀牛羊鸡鸭等动物。性格古怪，自以为是的人，必会因常常做错事而懊悔；颓废懒惰，沉溺不悟，是难成家立业的。亲近不良的少年，日子久了，必然会受牵累；恭敬自谦，虚心地与那些阅历多而善于处事的人交往，遇到急难的时候，就可以受到他的指导或帮助。他人来说长道短，不可轻信，要再三思考。因为怎知道他不是来说人坏话呢?因事相争，要冷静反省自己，因为怎知道不是我的过错？对人施了恩惠，不要记在心里，受了他人的恩惠，一定要常记在心。无论做什么事，当留有余地；得意以后，就要知足，不应该再进一步。他人有了喜庆的事情，不可有妒忌之心；他人有了祸患，不可有幸灾乐祸之心。做了好事，而想他人看见，就不是真正的善人。做了坏事，而怕他人知道，就是真的恶人。看到美貌的女性而起邪心的，将来报应，会在自己的妻子儿女身上；怀怨在心而暗中伤害人的，将会给自己的子孙留下祸根。家里和气平安，虽缺衣少食，也觉得快乐；尽快缴完赋税，即使口袋所剩无余也自得其乐。读圣贤书，目的在学圣贤的行为，不只为了科举及第；做一个官吏，要有忠君爱国的思想，怎么可以考虑自己和家人的享受？我们守住本分，努力工作生活，上天自有安排。如果能够这样做人，那就差不多和圣贤做人的道理相合了。

（四）经典点评

《朱子家训》是清朝初年一部有口皆碑的家教读物，本为朱柏庐教育子女所用。他在家训中要子女安分守己、勤劳节俭、敦睦人伦，将古代圣贤理想用平白的话语说给子女们听。这可以看做是儒学齐家思想在一个具体家庭中的实践。本书由于它的深刻、精警、发人深思，故在民间广为流传。其中的一些话语，迄今已成为汉语中的常用成语，为百姓所津津乐道。在今天看来，《朱子家训》仍然不失为一部施行家庭教育，培育子女完善人格，以及接受传统文化教育的初阶读本。

《朱子家训》开宗明义指出："黎明即起，洒扫庭除。"要内外整齐，养成早起的好习惯，事事从容不迫，有条不紊，并将"庭除"打扫干净。要过节俭、质朴的生活，开源节流，"一粥一饭，当思来处不易；半丝半缕，恒念物力维艰"，"器具质而洁，瓦罐胜金石；饭食约而精，园蔬愈珍馐"，"勿营华屋，勿谋良田"，这些言简意赅、易懂易记的条文，教导人要爱惜衣物、爱惜粮食，节约成习。《朱子家训》告诫子孙："祖宗虽远，祭祀不可不诚。"谆谆告诫我们要尊亲敬祖，弘扬中华民族优良传统美德。《朱子家训》告诫后人"嫁女择佳婿，毋索重聘；娶媳求淑女，毋计厚奁"，"见富贵而生谗容者，最可耻；遇贫穷而作骄态者，贱莫甚"，把一个人的品德看得最为珍贵，美丽与否，财富多寡，不足计较，有品德的人才能赢得众人的仰慕。同时还告诫后人，要心存善念、改过行善。"善欲人见，不是真善；恶恐人知，便是大恶"，告诫我们要心存善念，身行善事。在待人处事方面，倡导要为他人着想，凡事当留余地，要以谦逊的态度对人。《朱子家训》说："与肩挑贸易，勿占便宜；见贫苦亲邻，须多温恤。""毋恃势力而凌逼孤寡，勿贪口腹而恣杀生禽。"指出："守分安命，顺时听天。为人若此，庶乎近焉。"要求后人知足常乐，倡导安分守已的人生观，凡事莫强求，平凡中自有心安理得的快乐。

随着现代社会的发展，人们的物质生活水平有了很大的提高，但同时在精神生活领域，"道德滑坡"现象不容忽视。社会竞争日趋激烈，家长过多关注孩子的知识技能而忽视了孩子的道德教育，出现了重智育轻德育的现象，家庭道德教育一度弱化。《朱子家训》告诫子孙以修己开始，注重品德修养与良好习性的养成，与人相处时要心存善念。为人处世的一个根本问题，或者说修身养性的根本问题，就是如何对待个人与他人，个人与社会的利益关系。遇事为他人着想，关心他人、同情他人、成就他人，对协调人际关系，减少纷争，有着积极作用，是一种十分可贵的处世美德。家庭教育对一个人的人格形成有着不可取代的作用，父母在家庭教育过程中要注意培养孩子诚实守信的品质，对孩子最终人格定型有着重要意义。《朱子家训》要求父母以身作则，父母的一言一行都是孩子效仿的对象，父母的一言一行对孩子的日常行为会产生很大的

影响，想要孩子做到诚实守信，父母首先要“言必行，行必果”才能使孩子信服，使孩子养成诚实守信的道德习惯。人应当学会如何做人，学会做人是学习的基础，这才是教育的本真意义。

随着社会主义市场经济的发展及西方思想的涌入，生活水平日益提高，但在意识形态领域却出现了一些与社会主义思想道德相违背的思想倾向，如拜金主义，金钱至上，唯利是图；腐败之风屡禁不止；在经济大潮中不讲信誉，假货泛滥，这些思潮使一些家庭伦理道德扭曲，面对这些不良现象，我们应吸纳中华民族千百年来形成的传统家庭伦理道德的精华，这对我们家庭乃至社会有着不可替代的效用。

八、袁采家训

（一）作者简介

袁采，生年不详，卒于1195年，字君载，南宋衢州信安（今浙江）人，隆兴元年登进士第三，官至监登闻鼓院。曾任乐清县县令，廉明刚直，政声颇佳。《袁氏家训》共三卷，分睦亲、处己、治家三卷。后被人推为“颜氏家训之亚”。

（二）原文摘录

1. 人之父子，或不思各尽其道，而互相责备者，尤启不和之渐也。若各能反思，则无事矣。为父者曰：“吾今日为人之父，盖前日尝为人之子矣。凡吾前日事亲之道，每事尽善，则为子者得于见闻，不待教诏而知效。倘吾前日事亲之道有所未善，将以责其子，得不有愧于心！”为子者曰：“吾今日为人之子，则他日亦当为人之父。今父之抚育我者如此，畀付我者如此，亦云厚矣。他日吾之待其子，不异于吾之父，则可以俯仰无愧。若或不及，非惟有负于其子，亦何颜以见其父?”然世之善为人子者，常善为人父，不能孝其亲者，常欲虐其子。此无他，贤者能自反，则无往而不善；不贤者不能自反，为人子则多怨，为人父则多暴。然则自反之说，惟贤者可以语此。

2. 人之平居，欲近君子而远小人者。君子之言，多长厚端谨，此言先入于吾心，乃吾之临事，自然出于长厚端谨矣；小人之言多刻薄浮华，此言先入于吾心，及吾之临事，自然出于刻薄浮华矣。且如朝夕闻人尚气好凌人之言，吾亦将尚气好凌人而不觉矣；朝夕闻人游荡不事绳检之言，吾亦将游荡不事绳检而不觉矣。如此非一端，非大有定力，必不免渐染之患也。

3. 慈父固多败子，子孝而父或不察。盖中人之性，遇强则避，遇弱则肆。父严而子知所畏，则不敢为非；父宽则子玩易，而恣其所行矣。子之不肖，父多优容；子之愿悫，父或责备之无已。惟贤智之人即无此患。至于兄友而弟或不恭，弟恭而兄不友；夫正而妇或不顺，妇顺而夫或不正，亦由此强即彼弱，此弱即彼强，积渐而致之。为人父者，能以他人之不肖子喻己子；为人子者，能以他人之不贤父喻己父，则父慈爱而子愈孝，子孝而父亦慈，无偏胜之患矣。至如兄弟、夫妇，亦各能以他人之不及者喻之，则何患不友、恭、正、顺者哉！

4. 人之有子，须使有业。贫贱而有业，则不至于饥寒；富贵而有业，则不至于为非。凡富贵之子弟，耽酒色，好博弈，异衣服，饰舆马，与群小为伍，以至破家者，非其本心之不肖，由无业以度日，遂起为非之心。小人赞其为非，则有啜钱财之利，常乘间而翼成之。子弟痛宜省悟。

5. 富贵乃命分偶然，岂宜以此骄傲乡曲！若本自贫窭，身致富厚，本自寒素，身致通显，此虽人之所谓贤，亦不可以此取尤于乡曲。若因父祖之遗资而坐享肥浓，因父祖之保任而驯致通显，此何以异于常人！其间有欲以此骄傲乡曲，不亦羞而可怜哉！

6. 人之性行，虽有所短，必有所长。与人交游，若常见其短而不见其长，则时日不可同处；若常念其长而不顾其短，虽终身与之交游可也。

7. 勉人为善，谏人为恶，固是美事，先须自省。若我之平昔自不能为，岂惟人不见听，亦反为人所薄。且如己之立朝可称，乃可诲人以立朝之方；己之临政有效，乃可诲人以临政之术；己之才学为人所尊，乃可诲人以进修之要；己之性行为人所重，乃可诲人以操履之详；己能身致富厚，乃可诲人以治家之法；己能处父母之侧而谐和无间，乃可诲人以至孝之行。苟为不然，岂不反为所笑？

8. 乡人有纠率钱物以造桥、修路及打造渡航者，宜随力助之，不可谓舍财不见获福而不为。且如造路既成，吾之晨出暮归，仆马无疏虞，及乘舆马、过渡桥，而不至惴慄者，皆所获之福也。

（三）译文

1. 在社会生活中，父与子之间，有的彼此不思虑自己的职责，却责备对方，这是导致父子不和的最重要的原因。如果父与子各自都能反思一下自己，那么就会相安无事。做父亲的应该这样说：“我现在做人的父亲，从前曾经是别人的儿子。大凡我原来侍奉父母的原则是每事求尽善尽美，那么做子女的就会有所闻见，不等做父亲的去教导他们，他们就会明白怎样去对待父母了。倘若我过去侍奉父母未能尽善尽美，却去责备孩子不能做到这些，难道不是有愧于自己的良心吗？”做儿子的应该这样说：“我今天作为别人的儿子，日后肯定会成为他人的父亲。今日我的父亲这样尽心尽力地抚养培育我，并且为我付出许多心血，可以称得上是厚爱了。日后我对待自己的子女，只有做到与我父亲待我的程度一样，才可以无愧于自己的良心。如果做不到这些，不仅仅有负于子女，更无颜面去见父亲。”世上的人善于做儿子的，常常也很善于当别人的父亲，不能够孝顺其父母双亲的，也常常想虐待其子女。这其中没有别的道理，贤达的人能够自己反省自己，那么就会做事稳当，少出差错；不贤达的人不能够反省自己，做儿子多怨恨，做父亲多暴戾。那么自己反省自己的道理，只有贤达的人才可以谈论。

2. 日常生活中，人们都想与君子结交而远离小人。君子的言论，大多忠厚老实，端庄严谨，有长者之风。这种言论先进入我的心中，等到我遇到事情的时候，我也自然而然会有忠厚老实，端庄严谨的长者风度；小人的言论却多为刻薄浮华之言，如果这种言论首先进入我心中的话，等我遇到事情时，自然而然也会有刻薄浮华的言论。正如早晚耳边充斥的都是盛气凌人之言，我也就变得盛气凌人而自己却不明白；早晚听那些游荡之人目无法纪的言论，我也变得喜欢游荡，目无法纪却不自知。像这样的情况出现得很多，如果没有很强的自控能力，必然免不了逐渐沾染到不良结果。

3. 过于慈祥的父亲容易造就败家子，儿子的孝顺有时却并不被父亲所觉察。大概依平常人之性情来说，碰到强大的事物就会回避，遇到软弱的事物就会大

肆放纵。父亲严肃，儿子知道自己该畏惧什么，那么就不敢胡作非为；父亲宽缓，儿子对一切事物都持轻视态度，因而放纵自己的行为。对于儿子的不肖，父亲多宽容；对于儿子的谨慎诚实，为父的有时责备不已。只有贤达充满智慧的人才没有此种祸患。至于那些兄长友爱弟弟，弟弟却不敬重兄长的，弟弟尊敬兄长，兄长却并不爱惜弟弟的；丈夫正派，妻子却不和顺，妻子和顺而丈夫不正派的，也是由于一方强大了，另一方就很弱小；一方弱小，另一方就会强大，这是由逐渐积累而形成的。做父亲的，如果能将他人的不肖子与自己的儿子作比较；做儿子的，如果能将他人不贤达的父亲与自己的父亲相比，那么父亲慈祥和顺，儿子就会愈加孝顺；儿子孝顺，父亲就会更加慈爱，这样就避免了偏颇的隐患。至于兄弟、夫妇之间，如果也各自能以他人的缺点与自己亲人的优点去比较，那么还怕自己的亲人对自己不友爱，不恭敬，不正派，不和顺吗？

4. 人有了自己的孩子之后，必须使孩子有某种职业。贫穷的家庭使孩子有职业。那么就不至于受饥寒之苦；富贵之家使孩子有职业，那么孩子就不至于由于无所事事而胡作非为。大凡富贵之家的孩子，沉湎于酒色，喜好赌博下棋，喜欢穿华丽的衣服，爱好装饰自己的车马，并且总是与不务正业的群小为伍，甚至于使家庭破败，这并不是由于他们的本心不好，而是由于他们没有职业找不到事情可做，便容易生胡作非为之心。心术不正的小人对他们这种胡作非为大加赞扬，是为了得到美食和钱财的好处，常常趁虚而入，推波助澜，使他们坏事做得更多。孩子们应该对此有痛定思痛之后的清醒认识。

5. 谁富谁贵，在人生中是极偶然的事，岂能因为富贵了就在乡里作威作福！如果本来贫穷，后来发财致富；本来出身微贱，后来身居高官，这种人虽然被人称为有才能，但也不能因此而在家乡过于招摇。如果因为祖先的遗产而过上富足生活，依靠父亲或祖父的保举而获得高官，这种人与常人又有什么区别？他们中如果有人想借这种富贵与官位在乡邻面前炫耀，这种炫耀不仅是令人

感到羞愧的，而且是令人感到可怜的。

6. 人的性格、品行中虽然有短处，也一定有长处。与人交往，如果经常注意别人的短处，而无视别人的长处，那么，就连一刻也难以与人相处；相反，如果常想着别人的长处，而不去计较他的短处，就是一辈子相交下去也能和睦。

7. 别人做了好事，对他进行勉励赞扬，别人做了坏事，对他进行规谏劝告，这当然是好事，但是必须事先自己反省自己。如果是自己平时也做不到的事，却要去规谏别人，非但不会被别人听取，反倒要被别人鄙薄。这就好比是自己在朝为官，有被人称颂的地方，才可以用自己在朝为官的方法教诲别人；自己处理政事卓有成效，才可以用自己处理政事的方法来教诲别人；自己的才学被人尊崇，才可以用自己进德修业的要领来教诲别人；自己的品性德行被人尊重，才可以用自己的操行来教诲别人；自己能发家致富，才可以用治家之法教诲别人；自己能住在父母旁边而能与父母和睦相处，才能用自己的孝顺行为来教诲别人。如果说自己尚且做不到这些，却要去教诲别人，岂不反倒被别人耻笑吗？

8. 乡里有号召大家募捐钱物造桥、修路以及打造渡船的人，人们都应该根据自己的财力资助这类善举。不能说自己捐舍了钱财而得不到好处就不干这样的事。而且如果将来道路修成了，你早出晚归，仆人、马匹都无危险，至于你乘车、过河，也不至于担心受怕，这都是你所获得的好处。

（四）经典点评

父母总是想方设法培养自己的子女，希望他们有所成就。作为父母要以身作则、言传身教，只有这样才能成为子女学习的榜样。如果父母明白自身应当以身示范，孩子也能够从父母身上得到启示，“其身正，不令而行；其身不正，虽令不从”说的就是这个道理。父母在没有做好的情况下却把自己的想法强加

给孩子，让孩子去做好，这样孩子心里就会有反感，也就收不到成效。苏联教育学家苏霍姆林斯基说过："人的全面发展取决于母亲和父亲在孩子面前是怎样的人，取决于孩子从父母的榜样中怎样认识人与人的关系和社会环境。"在家庭中，想要子女诚实，父母首先要诚实；想要子女勤奋，父母首先要勤奋。作为父母要体会"以身示范"的重要作用，给孩子树立一个良好的榜样，给孩子提供一个健康的成长空间。

父母对待子女要用慈严相济的方法，提倡慈训并重，爱教结合。现实社会当中，有些父母还秉承着"棍棒之下出孝子""不打不成材"等封建的教育方法来教育孩子，这样一味只强调威严性、权威性会使家庭教育变得简单、生硬、粗暴，作为孩子，也会因为父母与子女之间缺乏情感交流而难以明理体爱，甚至会对家庭产生一种消极的恐惧心理。随着经济的发展和观念的转变，独生子女家庭越来越多，过分溺爱迁就也使得孩子变得自私、褊狭、任性，根本不懂得尊敬长辈，不懂得尊敬他人，这种性格的养成，对于孩子的成长会带来许多负面的影响。所以说父母的慈爱与威严是一个统一体，缺少哪一个对于孩子健康的成长都是不利的，父母要深知这一点，不可偏颇，要协调好两者之间的关系。

"与善人居，如入芝兰之室，久而自芳；与恶人居，如入鲍鱼之肆，久而自臭也"，有什么样的环境和教育就会有什么样的人，这是一种无言的教育。这种环境对子女的熏陶和影响是客观存在的，良好的教育环境有利于子女健康地成长。只有在好的环境氛围之中，才能实现在耳闻目染之间对子女的熏陶教育。

当今社会随着物质生活条件的大大改善，青年一代不同程度地存在避苦趋乐的现象，社会上也就出现"啃老一族"，这些都是值得我们反思的。家庭教育的最终目的，就是要帮助孩子用自己的双脚在这个世界上站起来，这既是家庭的需要，也是社会的需要。作为家长不仅要重视子女的文化知识学习，还要重视培养子女自立自强的精神。要让孩子真正成为有独立意识，有自立精神，有创业热情的个体，阻止"啃老一族"的继续存在。

"与人相处和为贵"，现今的独生子女

越来越多，在家里，父母、老人的百般疼爱下造成了孩子唯我独尊的个性，父母应该教育子女为人要谦逊，不要因为家庭条件的优越而到处炫耀，只有自己有真才实学才能在未来的社会中占有一席之地。父母要告诫孩子多看到别人的长处和优点，不要只看别人的不足和缺点，人无完人，谁也不可能没有缺点，谁也不可能不犯错误，只有这样人与人之间才能和谐相处。

乡亲邻里关系方面。袁采提出邻居之间要和睦相处，平日多加抚恤，有事相互照应。不要让自家的小孩损坏邻居的花果树木，不要让自家的牛羊鸡鸭践踏、啃啄邻居的庄稼。乡里有造桥修路的公益事业，要尽力予以资助，在帮助别人的时候也就是在帮自己。这些年，随着经济的迅速发展，城区高楼林立，许多居民告别了大杂院，住进了公寓楼，也告别了“抬头不见低头见，张家孩子李家看”的生活，开始了“欢歌笑语相闻，老死不相往来”的时代。有的邻里多年，竟不知对面姓甚名谁，还有的隔壁有小偷在翻箱倒柜，邻里却以为在搬家，这些都是值得我们现代人反思的。“一方有难，八方支援”，正是由于中华儿女的这种奉献精神才使我们国家得以在数次磨难之中坚强地走了过来，也正是由于中华民族的优良传统的延续才使得五千年的文明未曾中断过。作为父母应该有责任、有意识地将这些优良传统教授给子女，让这些中华精神继续传承下去。

古代科举

科举，始于605年的隋朝，发展并成熟于唐朝，一直延续到清朝末年，在光绪三十一年（1905年）被废除，历经一千三百年，被称为中国古代的一项重要“发明”。

关于科举的功过是非，历来雾里看花、莫衷一是。然而，科举制度在华夏大地绵延了十三个世纪之久，自然有它赖以存在的道理，今天，把科举放在历史长河中，我们更应理智地审视这一特殊的考试制度。

一、追溯科举制度的产生

科举制度的产生不是偶然的，它经历了漫长的历史孕育。在我国原始社会，选贤任能作为推举首领的主要方式在氏族社会曾长期存在。原始社会末期，被推举为联盟首领的接班人，除了才能出众，其道德高尚也是被考虑的重要因素。

西周时期，人才选拔开始制度化。除大夫以上的官员由贵族世袭外，其他的采取“乡举里选”的办法来吸收。乡、里都是当时的地方行政组织，乡、里选出有才能的“秀士”，由诸侯贡献给天子，这就叫“贡士”。周天子亲自对贡士进行考试，选择优秀者担任朝廷职务，把举荐与考试结合起来。那时崇尚勇武，考试的主要内容是射箭。在这种制度下，只有王公贵族子弟才能世代为官。

到春秋战国时期，贵族世袭制逐渐为人们所摈弃，推荐人才担任高级幕僚成为诸侯们增强竞争实力的重要措施。齐国的鲍叔牙把当了俘虏的管仲推荐给齐桓公，经过彻夜长谈，齐桓公觉得管仲是个难得的人才，就让他做了宰相，很快齐国就成了五霸之首。秦国的蹇叔向秦穆公推荐沦为奴隶的百里奚，秦穆公用五张羊皮把百里奚从楚国人手中赎回，后来，在百里奚的辅佐下，秦穆公也成为了五霸之一。晋国掌管军政的中军尉祁奚年纪大了，请求退休。晋悼公问他，谁能接替他的职务，祁奚推荐了他的仇人解狐。正当晋悼公打算任命的时候，解狐却死了。晋悼公又问祁奚，还有谁可以顶替，祁奚推荐了自己的儿子祁午。副中军尉羊舌职死了，晋悼公问祁奚谁可以接替职位，祁奚认为羊舌职的儿子羊舌赤可以接替。就这样，祁午当了中军尉，羊舌赤当了副将。人们赞扬祁奚，说他推举仇人，不是为了献媚；推荐儿子，不是有私心；推荐下级的儿子，并不是偏袒，这才是善于推荐贤人的表现，祁奚被当时的人们视为举荐贤人的楷模。

到汉武帝时，察举成为一项严密的制度。在位的丞相、列侯、守、相等定期得向朝廷推举人才。察举科目有孝廉、贤良文学、秀才等。通常先由乡、里评议，再由郡国考察，推举到朝廷。朝廷还要进行一定的考试，当时采用的是

"策问"形式。"策"是竹简，把问题写在竹简上，让应试者回答，这种形式后来被科举沿用。汉代的察举制度比前代大有进步，扩大了封建统治基础。但是，它又存在着一些缺陷。考试在察举中并不占有重要的地位，起决定作用的还是推举。推举的权力掌握在高级官员的手里，因而拉关系、行贿赂、受请托等弊病有了滋生的土壤，权贵操纵把持着入仕途径。有的士人为了得到推举，刻意伪装自己，以博取好名声。东汉有个赵宣，母亲死后，住在墓道中守孝。一般人守孝三年，他却整整守了十年，人们称他是大孝，多次推举他为孝廉。可是后来发现，他在守孝的十年间生了五个儿子，众人哗然。因为按守孝的规定，服孝的人必须禁欲，不能与女人同居，可是赵宣却有了五个儿子，这又能说明什么呢？像赵宣这样的伪君子，汉代为数不少。当时有一首民谣："举秀才，不知书；察孝廉，父别居；寒素清白浊如泥，高第良将怯如鸡。"用现在的话来说就是，"推举的秀才没读过几本书，察举的孝廉却不和父母住在一起，嘴上说清白的贫寒人士什么丑事都干，选拔出来的优秀将领却胆小如鸡。"这首民谣深刻地揭露和无情地嘲讽了荐举制的弊端，这种现象到魏晋南北朝实行"九品中正制"时发展到了极端。

魏文帝曹丕，对汉代的察举制度进行了改造，专门派中正官到各地去考察人才，按九个品级评定等级，推荐给朝廷进行考试，这就是所谓的"九品中正制"。它是在延康元年（220 年）在对东汉察举制的反思与损益的基础上创设的，但在其实际操作过程中，选举大权几乎全部被朝廷士族高官垄断，而选举人才的标准也就逐渐舍弃才德，不论贤愚，专讲家世门第，久而久之，中正官们推举上去的都是贵族子弟，考试也只是个形式。西晋诗人左思才华横溢，他写的《三都赋》风靡都城，人们竞相传抄，但由于左思出身低微，列不了上品，得不到举荐，于是他发出了"世胄蹑高位，英俊沉下僚"的感叹。

隋朝建立后，隋文帝杨坚为了加强中央集权，扩大地主阶级的政权基础，正式废除了九品中正制，将选官权力收归中央，规定各州每年以文章华美为标准选拔人才，推荐给朝廷。后来又命令京官五品以上、地方官总管、刺史等以"志行修谨"（有才）、"清平干济"（有德）二科举荐人才。大业元年（605 年），隋炀帝杨广即位后，又创置了"进士"、"明经"科，国家用考试的方法以才取人，从而揭开了我国人才选拔史上新的一页。从此，考试作为衡量人才主要标准的观念逐步确立，科举制度应运而生。

二、纵览中国千年科举

在整个隋朝的三十几年间，总共举行了四五次科考，共录取秀才、进士十二人。唐朝继承并发展了这一制度。唐朝的科举分为常科与制科两类。常科每年举行，制科则是皇帝临时设置的科目。常科的考生有生徒和乡贡，常科名目很多，依据应举人的条件和考试内容分为秀才、明经、进士、明法、明书、明算等科。生徒是在国子监（国子学、弘文馆、崇文馆）、各地学馆入学考试合格的学生；乡贡则是通过府试、州试的人，又称举人，考取第一名的称解元或是解头。通过朝廷尚书省的省试者称为进士及第，考取第一名的称状元，其余分甲第和乙第。

唐朝初年，由吏部考功员外郎主持科举考试。开元二十四年（736 年），科举考试改由礼部侍郎主持，这是因为郎官地位太低。唐代科举中最常见的科目是进士和明经。进士一般考试帖经、杂文、策论，分别考记诵、辞章和政见时务；明经一般为试帖经、经义、策论。所以进士和明经的区别主要在于辞章和经义，当时的人一般重进士，轻明经。进士每年录取名额不过三十人，加上明经也只在百人左右。

除了每年的常科考试外，还有临时不定期由皇帝亲自主持的科举考试，叫制科。唐代制科的科目有百种，如博学宏词科、文经邦国科、达于教化科等。参加制科的人不仅有白身，也包括有出身和官职的人。应试者可以由他人举荐，也可自荐。开元以后，全国参加制科的人“多则两千，少犹不减千人”，所以“所收百才有一”。考试以策论为主，也考经史和诗赋。录取后“文策高者，特赐与美官，其次与出身”。制举以开元时期为最盛，文宗大和以后就很少举行了。

武则天主政时，曾首创了由皇帝主持、复核进士资格的殿试和取武将的武科。整个唐朝的科举取士约一万人。唐代的宰相中，百分之八十是进士出身，

可见科举的成效。但科举也并不是唐代招纳人才的唯一方法，“门荫入仕”和“杂色入流”也是唐代重要的入仕途径。到了唐代后期，出身寒门由科举入仕者渐多，与世族门荫入仕者形成两大官僚派系集团，互相倾轧，史称“牛李党争”。

宋代进一步改良了唐朝的科举制度，确立了一套相当完整的体制。宋代之所以改良科举制度，其中重要原因是皇帝想要加强对取士过程的控制，减少考官及士子联党结派的可能。自宋太祖开宝六年起，取录的进士一律要经过由皇帝亲自主持的最后一关——殿试，名次也由皇帝亲定。自此以后，进士都是“天子门生”，而不再是考官的门生。为了保证考试公平及公正，宋朝对考试的规则进一步完善，以免考生或考官作弊。另一方面，宋代取士的数量大增，每科进士通常达数百人，并且放宽了应考条件，不论财富、声望、年龄如何都可以应考，对偏远地方的考生更给予支持，赠与路费。

宋代的科考分为三级：解试（州试）、省试（由礼部举行）和殿试。解试由各地方进行，通过的举人可以进京参加省试。省试在贡院内进行，连考三天，为了防止作弊，考官均为临时委派，并由多人担任。考官获任后要立即奔赴贡院，不得与外界往来，考生到达贡院后，要对号入座，同考官一样不得离场。试卷要糊名、誊录，并且由多人阅卷。而殿试则在宫内举行，由皇帝亲自主持及定出名次。自宋代起，凡于殿试中中进士者都会授予官衔，不需要再经吏部选试。自宋英宗治平二年（1065 年）起，定期开考，三年一科，之后为明、清两朝所沿袭，至科举被废为止。

宋代灭亡后，至元仁宗延祐二年（1315 年），再次开办科举考试。元代科举分地方的乡试和在京师进行的会试及殿试。元代从仁宗到顺帝灭亡时为止，科举时办时废，只举办过大约十次，取士一千余人。但元代科举所选人才通常没有受到足够的重视，在元代政府中产生的影响也不大。

明朝的科举在宋代的基础上继续改良发展，制度已经非常完善，规模也更加庞大，参加科举的人数也大大增加，但是考核的内容却开始僵化。明朝二百多年共开科八十九次，取进士一万七千

人。清朝科举基本承袭明朝的制度。清朝开国之初，曾在顺治年间两次分满汉两榜取士，之后改为只有一榜，但不鼓励满人、蒙古人参加，把科举入仕之途留给汉人，即所谓“旗人不占鼎甲”。清朝近三百年间共开科一百一十二次，取进士二万六千余人，进士前三名中只有三人是满人，其中两人是顺治分榜时所取。明清时期，正式由国家举行的科考分为三级：乡试、会试、殿试。在参加正式科考以前，考生先要取得“入学”的资格，即成为生员。入学有两个途径，一是通过称为童试的县、府、院三级考试，这是大部分士子所用的方法，被认为是入仕的正途。另一个方法是进入国子监，成为监生，监生中有皇帝恩准的“恩监”，还有因为其长辈曾为国建功立业而特准的“荫监”，最常见的方法就是通过捐献金钱财物而成为“捐监”。监生虽然也可以参加乡试、会试，但一般被认为是“杂流”，就算能考中进士，地位也较低，不受重视。

鸦片战争后，科举考试的内容渐渐与时代发展的需要脱节，加上“西学东渐”和学校教育的崛起，科举制度渐渐衰落。1895 年，中国在甲午战争中被日本打败，京考会试的举人集体请愿，康有为、梁启超等举人们的建议之一，便是改革科举，兴办新学。百日维新时，科举一度被废，但在戊戌政变后再次被恢复。1901 年，清政府废除考试用八股文，到了光绪三十一年，即 1905 年 9 月 2 日，经袁世凯奏请，慈禧以光绪名义发布谕告：“着自丙午科为始，所有乡会试一律停止。各省岁科考试，亦即停止。”自此延续千年的科举制度正式宣告废除。

三、古代科举制度概述

科举考试的要求、内容及形式等，都集中体现着统治阶级的意志，反映出时代的特性，展示了科举发展的兴盛与衰落。考什么、怎么考、在哪考、录取标准等等，都受到了极大的关注，牵动着人们的行为和意识。

1. 科举考试对应试者的要求

并不是所有的人都能够参加科举考试，科考对考生的家庭出身、籍贯都是有要求的。科举考试要求考生家庭出身“清白”。家里有人做官算是清白，务农者也属清白。唐代规定，犯过法的人、工商业者、州县衙门的役吏不得参加科举考试。宋代在此基础上增加了不孝者、和尚道士归俗者。所谓不孝是指不遵守道德，如不孝顺父母、不遵从兄长之类等。清代的规定更加严格，凡是娼（妓女）、优（演员）、隶（下等役吏），卒（劳役）的子孙都不能参加科举考试。家有娼、优、隶、卒，就为“家世不清”，隔了三代家中没有这类人，才算是清白。另外，用人、看门人、轿夫、媒婆、剃头修脚者都属于“身世不清”，他们的子孙也不能参加科举考试。

科举考试除了要求考生出身清白，还有其他的一些要求。比如，为了保持各地应举士人的比例协调，便于考查他们的出身、德行，一般地方乡试、会试都要求考生在籍贯所在地逐级参加考试，与我们现在高等学校统一考试招生要求考生在户口所在地报考的情况类似。所以，一到考试的时候，在外宦游或求学的士子们纷纷返回家乡，准备应试。也有一些人来不及返乡，就出现了“冒籍”现象。考生“冒籍”参加考试，会占用所“冒”地区的指标，侵害当地考生的利益，还会滋生贿赂腐败行为，所以各朝采取诸多措施来严令禁止。比如调整科举政策、增加解额、统一考试时间、分卷考试、严审考试资格、要求考生带着宗族谱牒来报考，以审查其户籍，并且用文字描述考生的长相。清康熙初期甚至在童生试中开始推行“审音”制度，核对童生口音，以判断是不是本县籍人。而且，政府对“冒籍”现象的惩

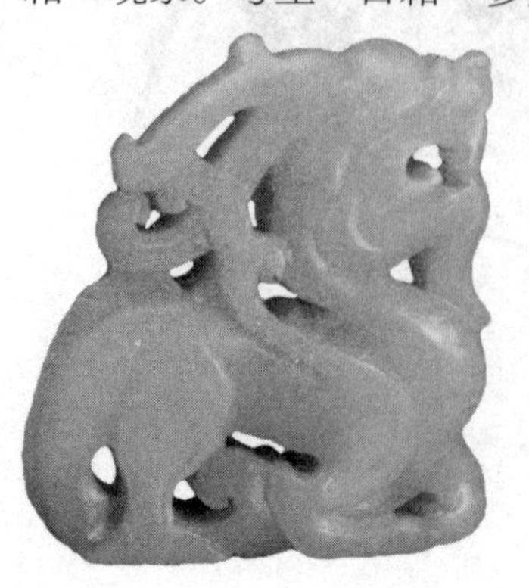

处也是非常严厉的，对于考生，如果发现有“冒籍”行为，则取消其考试资格，如果已经参加了考试，则取消其名额及名次，然后再治罪，相关官员也会受到降级、调用甚至革职的惩罚。

大雪壓青松青松挺且直要知松高潔待到雪化時 陳毅

科举考试在考试时间上并没有具体的规定。在唐代，科举考试通常是在白天，如果做不完题目，允许延长时间，天黑了可以点着蜡烛继续做题，以三根蜡烛为限，考生可以从容地答题，细心构思，仔细揣摩，精益求精。宋代以后科举考试的时间就没有那么自由了，不仅不允许延时，还把答卷的速度定为录取的标准，只要谁第一个交卷，而且又没有其他违背规定的地方，就被录取为第一名，这就大大刺激了应试者，一进入考场，大家就奋笔疾书，都争着第一个交卷。这样造成的结果就是应试者根本不考虑语句是否通顺，对策是否通畅，立论是否可靠，一心只求速度，使得考试根本选拔不出真正的人才。到了明清时代，虽然不是按照速度录取，但是每年参加考试的人多达成千上万名，考官阅卷的任务非常重，考官阅的卷子多了，看得迷迷糊糊，也就糊里糊涂地批，有的卷子都来不及看，就放在了一边，也有的人按名额批卷，录取名额满了，后面的卷子就不批了，所以在考试中还是快点作答为妙，免得连被评阅的机会都没有。晚清林则徐曾经上书皇帝，要求制定评阅章程，改变这种混乱的状态。

科举考试的优点就在于它没有年龄的限制，从乳臭未干的儿童到白发苍苍的老翁，只要家世清白，都可以参加考试，所以在我国历史上，六七十岁老人赶考者比比皆是，百岁老人赴场应试者也时而可见。

2. 科举考试对考官的选拔

主持朝廷科举考试的考官有一个专有的名称——“知贡举”。在考生看来，考官是他们命运的主宰，他们期望公平，所以也称主考官员为“主文柄”或是“主文衡”。

唐代科举形成之初，主持科举考试的官员为礼部考功司的考功员外郎。考功司是礼部专管考试、考核事务的部门。宋代知贡举的官员大多数是皇帝派遣的文学侍臣学士，如欧阳修、苏轼、梅尧臣都担任过这一职务，而且考官的级别常常高于礼部侍郎。清代雍正年间则明确规定，不是三品的官衔不能担任知

贡举的职务，另外，知贡举不仅要有相当的官位，还要有进士出身。当然，也有例外的，贞元十八年（802 年），权德舆以中书舍人（正五品）的资格任知贡举，后来改官为礼部侍郎，又连续两年主持科举，选拔了一批很优秀的人才，深受后人的称赞。为了加强考试的监管，分散权力，防止知贡举为官独断，唐后期的科举考试，除设主考官外，又设副主考官和同考官。明清时期，按照考试内容分房阅卷，同考官也就称作房官，清代房官达到十八人之多，号称十八房。

科举考试涉及到千千万万读书人的命运，为了维护考试的严肃性，从唐到清，对考官采取了越来越严格的限制措施。唐代就有了考官回避制度，规定考官有亲戚参加科举考试者，必须另外设立考试场所，委任其他官员主持考试，这被称为“别头试”。宋太宗淳化三年（992 年），翰林院学士苏易简授命知贡举，他深知这个差事不好干，很难应付别人的请托，于是一接到任命，他就直接进贡院，不与外界接触，防止有人来托关系。这种做法受到宋太宗的极力赞扬，从此形成制度，知贡举官员一经任命，立即进贡院隔离，连家里人也不能见，防止走漏消息和打通关节，这叫“入闱”。“入闱”一般要一个多月的时间，直到考试公榜后，才解除隔离。这种方法也为现代高等学校招生考试所沿用。

3. 科举考试的形式

科举考试实行了上千年，但考试的形式代代有变化。唐代常科考试每年举行一次，基本上是两条途径。一条是学校选送。地方州、县学馆的学生和朝廷设立的学校国子监、弘文馆、崇文馆里的学生，在学校考试合格后，直接参加最高行政机关之一尚书省主持的省试。省试又叫礼部试，应试的学生称为“生徒”。另一条是乡贡。不是学校生徒的可以拿着自己身份履历的证明到县里报名，县里组织考试，优秀者选送到州府。州府再进行考试，选送一部分人进贡到朝廷参加省试，被选中的人叫乡贡进士或贡士。每年十月，地方学校和行政长官把乡贡进士和进贡品一道送到京都，这叫作“发解”，所以州府考试又叫解试。解试由地方行政长官主持，第一名称作解头或解元。省试大约在次年元月举行，省试合格被录取叫作“及第”，第一名称作状头或

是状元，第二名称作榜眼，第三名称作探花。

宋代科举大体上承袭了唐代的形式，但增加了由皇帝主持的殿试，形成了州试、省试、殿试三级考试的格局，考试的组织逐渐完善。人们把参加省试的考生称为“举子”、“贡生”，省试第一名称为省元，殿试的第一名称为状元。殿试录取开始是三取一或是二取一，后来出现了张元因为殿试落第投奔西夏，帮助西夏进犯骚扰中原的事件，殿试改为全部录取，只有等级区分。殿试成绩分五等，第一、二等称为赐进士及第，第三等称为赐进士出身，第四、五等称为赐同进士出身。后来，人们又把第一、二等称作一甲，第三等称作二甲，第四、五等称作三甲。宋初科举考试有时连年举行，有时隔年举行，也有时隔好几年才举行。如宋仁宗嘉祐年间改为两年举行一次，到宋英宗又改为三年举行一次。

明清两代科举考试与前代相比，有一个很明显的特点，就是科举考试与学校教育的相结合。要参加科举考试，就必须通过学校，取得一定的学生资格。所以科举考试最初等的考试就是县学的录取考试。凡是没有取得县学、府学学生（叫“生员”）资格的人，统称为童生，考生员就称为童试，这并不是年龄的界定，童生可以是儿童、青壮年，也可以是白发老翁。不论年龄大小，参加童试的都称为童生。明清时代科举的正式考试分为四级：院试、乡试、会试和殿试。县学童试及格后，并不能直接就参加院试，还要经过州府府学举行的府试，府试及格后，才具备了正式参加科举考试的资格。

院试在各府和省直辖的州府举行，每年一次。主持人是省里主管教育的长官学政，他依次到省内各府和直辖州主考，所以院试的时间不是一致的。童生院试及格，名义上就成为国家学校的生员，通常称为“秀才”，也叫作“相公”。中了秀才，就算是进入了社会上流。秀才见了知县可以不下跪，官府也不能随便对秀才用刑，一般的人见了秀才要称老爷。每年举行的院试除了考童生，也考秀才。就是说，以前取得了生员资格的秀才，还必须参加年度考核岁试。岁试成绩共分为六等，取得一、二等成绩的人才可以参加高一级的科举考试——乡试。

乡试是省一级的考试，三年一次，在各省省会和直辖的北京、南京举行。考试时间在秋季的农历八月，所以人们称之为“秋闱”（闱本指考场）。乡试及格称为中举，及格者称为举人，乡试第一名称为解元。中了举，不仅取得了参加会试的通行证，而且取得了做官的资格。即使会试不能及第，也可以安排一定的官职。中了举，才算是真正踏上了仕途。

会试是国家级的考试，也是三年举行一次，时间在乡试的第二年春季农历二月，所以又称为“春闱”。因为由礼部主持，也有人称“礼闱”。会试录取的称为贡士，第一名叫“会元”。

殿试是最高一级的考试，时间在会试后不久的四月，由皇帝主持。和宋代一样，殿试没有及格不及格之分，只有等级差别。分为三甲，一甲三名，第一名叫状元，第二名叫榜眼，第三名叫探花，合称三鼎甲。也有的人把前三名统称为状元。二甲为赐进士出身，其中的第一名又称传胪。三甲为赐同进士出身。虽说参加殿试的都叫进士，但人们看重的仍是鼎甲。

4. 科举考试的主要内容

隋炀帝时的科举分两科，一称明经，另一称进士。虽然唐代大大增加了科目数量，但明经和进士仍是选拔官员的主要科目。明经科的主要考试内容包括帖经和墨义。帖经有点像现代考试的填充，试题一般是摘录经书的一句并遮去几个字，考生需填充缺去的字词，至于墨义则是一些关于经文的问答。进士科的考试主要是要求考生就特定的题目创作诗、赋，有时也会加入帖经。唐高宗以后，进士科的地位慢慢超越了明经，成为科举中唯一的重要科目。造成这种现象的原因主要是进士科考生需要发挥创意方能及第，而明经只需熟读经书便能考上，而且进士科的评选标准非常严格，考上的人数往往只是明经科的十分之一。当时曾有一句话说：“三十老明经，五十少进士。”意思就是说，“三十岁考上明经算是老的了，而五十考取进士就算年轻的了”，这句话形象地道出了进士科的难度。

以诗赋作为考试的主要内容是唐代科举的鲜明特色。初唐，进士科考试还是只考策文，内容比较单一，不容易展示考生的水平，也不好把握录取的标准。到了武则天当权时，由于考功员外郎刘思立的建议，将科考改为帖经、杂文、策文三项内容，其中的杂文，本来是指官府文书之类的文章，后来发展为写诗赋，诗赋的题目无非是歌颂帝王圣贤，

歌颂太平盛世，描绘美景佳物之类。诗要求是五言律诗，十二句，押一个韵。赋大约限写三百五十字以上，通常以八个字一句来作为全赋应押的韵。以诗赋取士，固然可以考查文士的文学才能，但是国家选拔人才并不全是要吟诗作赋的人。随着科举制度的发展，它的弊端也越来越明显，经宋代王安石改革后，取消了以诗赋为主要录取标准的成规。他把帖经、墨义和诗赋等考试都取消了，改为以经义（解释经书）、论（对时局的评论）和策（提出解决时弊的办法）作为考试内容。然而，苏轼等人对该项改革提出了强烈的抗议。

元代的科举虽然对自身的统治影响不大，但它的内容却有重大转变。第一是科举不再分科，专以进士科取士；第二是考试指定的读物有所变动。如果经义的考试内容包括四书，则以朱熹著述的《四书集注》作为主要的依据。这两项改动并没有随着元朝的灭亡而消亡，而是成为明清两代八股文的基础。

明清时期，科举考试中的乡试及会试皆以四书的内容命题，要求考生以古人的语气阐述经义，“代圣人立言”，用八股文作答。八股文有很多格式上的要求，极为讲究形式。只有到了科举最后一关，用以决定名次的殿试，才会改为考时务策问。但是考生答“策”的内容很多时候都并不重要，清朝的皇帝便惯以试卷的书法取定殿试名次的高低。

八股文的结构内容包括破题、承题、起讲、入手、起股、中股、后股、束股。其中破题、承题、起讲是解释分析论题，引出文章旨意，入手是过渡，收结是结尾。起股到束股是文章的主体部分，除出题，各有两股，要对偶成文。写的时候必须严格按照这个程序，就连字数也必须按照规定，不能多也不能少，明代以三百字为限，清初要求必须写够四百五十字，后来又逐渐增加，乾隆以后增加到了七百字。这就像做好了一种套子，每个人都得拿着它硬套，不求有独立的见解和创新的思想。考生的实际见识和才学在八股文的要求下反而被忽略了，于是不少考生索性舍四书五经，专门钻研为应付考试而设、被称为“帖括”的八股文范文选课本。当时一些人称八股文为“敲门砖”，意思就是说考取功名后便可以弃之。清代名医徐大春说：“人们整天模仿那些无用的文字，不通经史，不知天下事，辜负光阴，白白昏迷一生，就算他骗得京官，也是百姓朝廷的晦气。”这些话真是批露得一针见血！也曾经有人将八股文与“鸦片”、“缠足”并列，称为是荼毒中国人的三大害。

四、光怪陆离的应试现象

“一士登甲科，九族光彩新。”这是唐代诗人王建的诗句，它道出了文人雅士心系科场、万难不渝的根本所在。贫寒者希望通过科举平步青云，显达者希望通过科举使家族长盛不衰，有什么能比富贵利禄更有诱惑力呢?

1. 费尽心机为科举

能够中进士，是千百年来应试者们梦寐以求的目标，为了实现这个目标，一些人不择手段，费尽心机。明神宗万历三十八年（1610 年），浙江人韩敬中了状元。韩敬是做八股文的高手，擅长书法，是浙江的名士，但是，人们对他的夺魁却有很大的争议。著名的诗人钱谦益心里就愤愤不平，这位江苏常熟城里的才子，考个进士应该是很有把握的，但是他年少气盛，下决心一定要在科场夺魁，名扬天下。他博得了当时掌有实权的大学士叶向高的赏识，叶向高私下许诺殿试拟他为状元，钱谦益觉得还是不保险，又花了很多银子与一位宦官拉上了关系，以确保万无一失。可是，当传胪唱名时，第一名并不是钱谦益，而是韩敬，钱谦益连榜眼都没捞着，只得了个探花。可见想当状元的不只钱谦益一个，但是状元却只有一个，于是便有很多人挖空心思拉关系，可是最后谁能得到这个状元的头衔，就要看谁的后台最硬了。

原来，这次会试的主考官是汤宾尹，他是韩敬的老师、国子监祭酒。这位昔日的解元很有活动能力，在朝中也有一定的势力。会试阅卷的时候，韩敬的卷子并不在汤宾尹所负责的房内，他硬是跑到其他的房里去翻找，其他的房官也是睁一只眼闭一只眼，与人方便，与己方便嘛！汤宾尹在别人刷下来的卷子里找到了韩敬的卷子，推荐录取还不算，硬是软硬兼施地要求副主考萧云举和王图取韩敬为会元。知贡举的礼部侍郎吴道南当时很想奏报，但又觉得自己资历太浅，这么做弄不好会被人认为是排挤前辈，所以只好装聋作哑，做个顺水人情。人们觉得韩敬当了会元又得了状元，肯定是与汤

宾尹有关系，但碍于没有证据，也只能作罢。后来汤宾尹因为官员定期考察结果不佳，把乌纱帽丢了，韩敬当了一年翰林院修撰，见势不妙，很快就借病辞职，事情也就这样算是过去了。

2. 考到白头终不悔

为了登龙门，多少痴心男儿一次又一次地加入科举的大军，多少人在蝇灯青案下耗尽了青春年华，熬白了满头黑发。唐代诗人元结 35 岁中进士还算“方年少”，浪迹科场几十年的才子比比皆是。晚唐诗人曹松、王希羽都是七十多岁才及第，一代诗圣杜甫纵横科场几十年，终究还是榜上无名，其中的凄苦与辛酸又有几人知晓！

康熙三十八年（1699 年），广东省乡试，年近百岁的顺德人黄章也来参加考试。他让曾孙打着写有“百岁观灯”四个大字的灯笼，奔赴考场。同来参加秋试的士子们都很惊讶，上前询问，黄章回答说：“我今年 99 岁，还不是得意的时候，等到 102 岁，才能取得好成绩。”这件事惊动了当时统辖广东、广西的督抚两台长官，他们请黄章吃了饭，并赠送了钱物。

乾隆年间，广东出了一个百岁考生谢启祚。他在 98 岁的时候还参加乡试，按照当时朝廷的规定，他完全可以免试而请求恩赐，督抚也多次为他造册上报，但他自己却无论如何也不肯。谢启祚说：“科举是确立一个人名份的，我年纪虽然大了，但意志并不颓丧，你们怎么就能见得我这一生不能扬眉吐气呢？”这次乡试，他终于考中了。出榜以后，他开玩笑地写了一首《老女出嫁诗》：“行年九十八，出嫁不胜羞；照镜花生靥，持梳雪满头。自知真处子，人号老风流；寄语青春女，休夸早好逑。”他把自己中举比作了老处女出嫁，真是深得科场苦楚之后的由衷感叹。第二年，谢启祚又进京参加会试，皇帝特意恩赐了一个类似大学校长助理的司业官衔。乾隆五十五年（1790 年），逢皇帝八十寿辰，年逢 102 岁的谢启祚托福晋升为鸿胪卿。他活到将近一百二十岁高龄。

像谢启祚这样的百岁老人，还能够写文章，最终凭着自己的实力考取功名，真是让人敬佩不已。在我国古代，有很多年岁已高的人，本身没什么才能，却

仍然一门心思地参加科举，以图功名。宋人朱彧的《萍州可谈》中有一则故事，讲述了宋神宗元丰年间的一次特科殿试，一位七十多岁的应试者下不了笔，只好在试卷上写了一段话："我老了，不能写文章了，敬祝皇帝陛下万岁万岁万万岁。"皇帝知道了，赞赏他的诚实，特地恩准给他一个最低级的初品官，让他得点俸禄颐养天年。清代陆长春的《香饮楼宾谈》里也记录了一件类似的故事。彭元瑞主持某地科举考试，有一个童生六十多岁了，交卷的时候跪在地上很久，他说："我从少年时代开始参加科举考试，至今已经考过了三十多次，眼看就要归西了，希望能够穿上生员的衣衫，享受到一点最后的光荣。"直到彭元瑞点头答应，老童生才从地上起来，结果公榜的时候，老童生被列为额外生员。听说彭元瑞在他的卷子上批了几句话："年在花甲外，文在理法外，字在红格外，进在额数外。"

当然，应试的白发人中也有一些落拓不羁、不违名节的人。《清稗类钞》记载了这样一则故事，清代名士姜宸英善于写诗作文，连康熙皇帝也知道他的文章写得很好，但是他在科举考试上运气却很不佳，总是落第。有一天，康熙皇帝对侍臣说："听说江南有三布衣还没有踏上仕途，一个是朱彝尊，一个是严绳孙，还有一个就是姜宸英。"消息传出以后，姜宅门庭若市，京城来求文者络绎不绝。康熙皇帝下诏书开博学宏词科，江南人首先看好的就是姜宸英，可结果江南三布衣中只有姜宸英落选。后来，叶方蔼主持修《明史》，推荐姜宸英进入写作班子，朝廷任命姜宸英为翰林院纂修官，给予七品官的待遇，不久，又让他参与编写《一统志》。朝廷给予他这么大的期望与厚爱，可是他每次参加科举考试时却心不在焉，一次又一次因为喝醉酒被罚出考场，对科试随随便便没有给予足够重视。康熙三十六年（1697年），姜宸英七十多岁了，参加科试时，试卷书写就违反了规定。阅卷的官员见了叹气说，这位老先生今年再不被录取的话，恐怕就要绝望地回去了。于是替他改正，使他得上了名次。后来康熙皇帝特意将他提为第三名，赐进士及第，他总算没有遗憾终身。

3. 棒打鸳鸯为应举

我国宋代著名的爱国诗人陆游曾经写过一首《钗头凤》，记录了一段凄楚幽怨的爱情悲

剧，拨动了无数痴男怨女的心弦。

陆游出身在浙江山阴一个世袭官僚家庭，母亲唐氏出身江陵的名门望族。陆游20岁时，由父母做主，娶了表妹唐婉。唐婉是陆游舅舅的女儿，亲上加亲，门当户对，在古代是一桩十分理想的婚姻。陆游对自己的这门婚事也非常满意，从小就和表妹唐婉亲密无间，唐婉美丽聪慧，受过良好的教育，也喜欢吟诗作文，与陆游情投意合，婚后生活甜甜蜜蜜，夫唱妇随，非常幸福。可是这样的日子没过多久，陆游的母亲就对唐婉横加挑剔，处处责备，最后竟然逼着陆游与唐婉离婚。

那为什么自己选定的婚事，却要出尔反尔呢？原来，小两口如胶似漆，触忤了陆游母亲希望儿子专心应举、早登科榜的意愿，她觉得儿子的魂都被唐婉勾去了，根本没有心思读书。陆游12岁时诗文写得就不错，20岁时写的一首《菊枕》被人传诵，陆游的父母认为这么优秀的儿子，考取科名是不成问题的，陆游十四五岁的时候就考过一次，结果没有如愿，18岁的时候又考了一次，仍然没有考中。望子成龙的父母怕儿子贪恋爱情，荒废学业，断送前程。在母亲一次次的斥责下，陆游只得忍痛休妻。起初，陆游瞒着母亲在外面租了一个房子，把唐婉安顿下来，经常去偷偷约会，没想到被母亲发现，最终只好挥泪诀别。过了两年，父母为陆游娶了王氏为妻，唐婉也改嫁了赵士程。

绍兴二十三年（1153年），陆游29岁，礼部试取得了第一，可是殿试却落榜了。过了两年，陆游来到了故乡禹迹寺沈家花园踏春，碰巧唐婉与赵士程也来到了这里。唐婉从远处看到离别十年的前夫独自踏春，又惊又喜，她与丈夫赵士程商量，叫家童给陆游送去一份酒肴以致意。陆游收到这份不寻常的礼品，百感交集，几杯酒下肚，提起笔，在沈园的墙壁上题下了那首倾注血泪的《钗头凤》“红酥手，黄縢酒，满城春色宫墙柳。东风恶，欢情薄，一怀愁绪，几年离索。错，错，错！春如旧，人空瘦，泪痕红浥鲛绡透。桃花落，闲池阁，山盟虽在，锦书难托，莫，莫，莫！”

唐婉看见园壁上的题词，哀伤满怀，回家后也和了一首：“世情薄，人情恶，雨送黄昏花易落。晓风干，泪痕残，欲笺心事，独语斜阑。难，难，难！人成各，今非昨，病魂长似秋千索。角声寒，夜阑珊，怕人寻问，咽泪装欢。

瞒，瞒，瞒!”行行苦水，字字凄凉，这之后没多久，唐婉就忧郁成疾，离开了人世。唐婉的死去，给陆游带来了沉痛的打击，晚年陆游每年都会来到禹迹寺，寄托哀思，写下了一篇篇《沈园》诗。这段因为科举而引发的肠断心碎的凄美爱情悲剧，可谓是家喻户晓。

4. 千方百计争解元

科举考试是一场没有硝烟的战场，它不仅是知识与智慧的较量，更是社会关系，官场势力的角逐。薛用弱的《集异记》里记载了我国著名田园诗人王维夺取京兆府解头的故事。王维年少聪慧，能诗善文，他打算参加京兆府进士科的贡举选拔考试——解试。当时，丞相张九龄的弟弟张九皋也要参加这次考试。张九皋的名气很大，又有靠山，而且皇室的妹妹还特意为他写了推荐信，让京兆府长官取他为解头。王维听到这个消息以后，非常着急，情急之下，他想到了岐王李范，岐王是皇室宗亲，爱好音乐，王维精通音律，弹得一手好琵琶，很得岐王的赏识。岐王听了王维的苦恼，很想帮他一把，对王维所处的形势进行了详细的分析，因为张九皋的靠山很强，不能硬碰硬，只能智取，他们精心地策划了一个计谋。

几天以后，岐王为王维换上了一套华丽的服装，让他带着琵琶和自己一起去公主家。岐王声称是特意来陪公主宴饮的，公主非常高兴。入席后，岐王让王维弹奏琵琶，不到二十岁的王维风华正茂，姿态翩翩，立刻吸引了公主的目光。王维的一曲“郁轮袍”弹得如泣如诉，哀怨悱恻，深深打动了公主的心弦，公主赞不绝口。岐王看公主这么高兴，趁热打铁，告诉公主说，这个年轻人不仅会作曲弹琴，还写得一手好诗，公主问他是否带着作品来，王维掏出准备好的试卷呈给公主。公主看后更是赞叹不已，原来公主早就读过这些诗词，一直以为是古人的佳作呢，公主连忙把才华横溢的王维让到自己的身边一起饮酒。

岐王见时机已到，便故意对公主说，如果京兆府能够举送这样的年轻人，那才是国家的幸运啊。公主很诧异地问他为什么不去考一考，岐王说，王维很有志气，当不了解头绝对不去考试，听说公主已经推荐了张九皋，所以就不准备应试了。公主听了，连忙摆手，说她也是受人请托，没关系，改过来就是了，她

告诉王维只管去考，她会推荐他为解头。从此，王维平步青云，不仅做了京兆府的解头，后来又成了礼部试状元，少年得志，很是风光。

从这个故事中，我们可以看出，古代人为了达到自己的目的，会绞尽脑汁，千方百计地去想办法，不管多有才华，如果没有强有力的靠山，还是会怀才不遇的。

5. 太监洋人齐上阵

在参加科举考试的大军中，有些人显得格外引人注目，按常理来看，这些人是不能走科举之路的，但是，他们却走得很坦然，很容易。

太监也被人们称为阉竖，他们在被割去生殖器官的同时，也被剥夺了很多做人的权利。虽然可能会得到万千宠爱，但却蒙上了不可磨灭的羞耻，梁师成是宋徽宗时期的太监，他十分诡诈，而且深得皇上的宠爱。梁师成从小练过书法，刚开始的时候在宫中管管书艺作品之类的事务，后来靠奉承拍马，赢得了皇帝的欢心，成为侍从皇帝左右的亲信，皇帝的一些号令都由他来传达。

梁师成曾经指使一些官吏模仿皇帝的字体，制造一些假的御旨混杂在真的御旨中传达给大臣们，他就靠着这样的卑鄙手段，成为了“隐相”（隐蔽的宰相），就连真的宰相也要来巴结他。宋徽宗统治期间，大开科举之门，差不多每次录取的人数都达到了六七百人，梁师成也不甘示弱，加入了应试者的行列，像他这样的人考官怎么敢得罪呢？他理所当然地成了进士。又过了十五年，梁师成又让跟随他的小太监储宏去考进士，同样也进士及第。

对于科举大军中的洋人，人们则是另眼相看。在隋唐时期，经常有外国人到我国来留学，我们对外国留学生的态度非常友好，他们在中国文化的熏陶下，也被科举深深地吸引了，纷纷加入了应举的行列。其中最出名的还属日本的留学生阿倍仲麻吕，他的中国名字叫晁衡。他在国子监读书，成绩优异，科举登第，并在朝廷里任职，他在中国生活了五十多年。曾经还有朝鲜、越南等国的留学生在中国参加了科举考试，有的授予了官职，有的及第后归国，他们都为中国与各国之间的文化交流作出了巨大的贡献。

五、五花八门的作弊手段

由于科举考试的成功在一定程度上保证了一生的富贵荣华，因此不少人企图以作弊的方式在科试中取得好成绩。最常见的作弊有夹带、贿赂、代考等。功名利禄的诱惑是谁都难以抵御的，考场舞弊作为考试制度的衍生物，一直伴随着科举的成长。考试制度越缜密，舞弊就越猖獗，作弊手段也就越繁多。

1. 夹带

夹带是科举考试中最常用的作弊手段，搜查夹带也是科场关防的主要任务。夹带的东西无外乎是跟考试内容有关的经书典籍，或是前人高中者的优秀例文，或是好事者猜题拟作的范文等。

唐代的科举考试已设有兵卫，以阻止夹带作弊。从宋代起，考试在贡院内进行，贡院内考生之间是以墙壁隔开的，称为“号舍”。考生不可以喧哗，以防止传卷或传话。但是夹带这种作弊手段始终是屡禁不止，层出不穷。常见的方法是将经文藏在衣服鞋袜里，或索性写在衣物、身体上以及其他各式随身物品上，包括文具、食品、蜡烛等等都曾被当作夹带的工具。明清的科举考场监督十分严格，要求达到“片纸只字皆不得带入试场”的程度。纵观千年科举史，科场作弊与反作弊，就如同一对双胞胎，从科场开设的那天开始，便形影不离。在功名利禄的巨大诱惑下，还有很多人铤而走险，所以科场大案和各种丑闻在历朝历代几乎都没有停止过。科场防范措施越严密，作弊手法也就越高超。

除了在进场前由兵卫仔细搜查外，乾隆时更下诏详细限定考生带入考场的各式物品的规格。夹带规定：应试者的衣服鞋袜必须用单层的，皮衣服要去掉

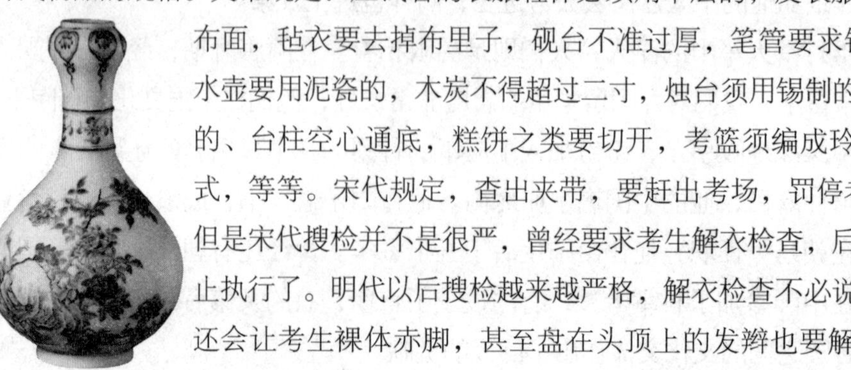

布面，毡衣要去掉布里子，砚台不准过厚，笔管要求镂空的，水壶要用泥瓷的，木炭不得超过二寸，烛台须用锡制的、单盘的、台柱空心通底，糕饼之类要切开，考篮须编成玲珑格眼式，等等。宋代规定，查出夹带，要赶出考场，罚停考一次，但是宋代搜检并不是很严，曾经要求考生解衣检查，后来又停止执行了。明代以后搜检越来越严格，解衣检查不必说，有时还会让考生裸体赤脚，甚至盘在头顶上的发辫也要解散来检

查，更甚的是连肛门也要扒开来看一看。被查出来的考生，轻的当众挨棍棒，取消考试资格，重的就要遣送边远的地区充军。但科场舞弊始终未曾被彻底而有效地制止住。有这样一个传说，一次会试中有举人把夹带的书本掉在地上，奉旨检查的亲王却为他掩饰，说："何以携账簿入场!"有这样的亲王又怎能彻底地制止住舞弊现象呢？

对夹带作弊最痛恨的皇帝莫过于清代的乾隆了。乾隆皇帝登基以后，对于日益猖獗的舞弊现象非常恼火，下决心要好好整治一下。乾隆九年（1744年），他首先拿历年问题最多的顺天乡试开刀，命令亲王大臣们制订严格的搜检程序，并且悬赏，抓到一个夹带者，赏银一两。对抓获的舞弊者，用枷锁铐起来示众。这下可把准备舞弊者给镇住了，快到中午的时候，入场的考生也没有几个。眼见这样的情形，乾隆皇帝又下令把所有的考生通通放进来，自己亲自出考题，结果有两千多人交了白卷。乾隆皇帝为此下诏，痛责舞弊歪风，并裁减各省会试的名额，后来对夹带的检查越来越严格，处罚也越来越重。

2. 贿赂

俗话说"有钱能使鬼推磨"，金钱同样能使意志薄弱的考官们失去公正，也能使利欲熏心的考官们肆意妄为。唐代王冷然在给燕相国的一封信中说："今之得举者，不以亲，则以势，不以贿，则以交。"

《旧唐书》中记载了一件宰相受贿请托的事情。在长庆元年（821年），礼部侍郎钱徽任知贡举，宰相段文昌找到他，要他录取刑部侍郎杨凭的儿子杨浑之，翰林院学士李绅也托钱徽录取周汉宾，结果录取的十四个人中没有杨浑之也没有周汉宾，段文昌丢了面子，不禁大怒。因为他已经接受了杨浑之的很多礼物，段文昌喜欢图书字画，杨浑之投其所好，把家藏的珍贵字画都送给了段文昌。段文昌到皇帝面前告了钱徽一状，说他徇私不公，选的人都是平庸之辈。原来，录取名单中，有钱徽故旧好友李宗闵和杨汝士的亲戚。唐穆宗刚刚上台，对这类事情还摸不着头脑，于是便询问学士元稹和李绅，李绅一肚子火气正没地方发呢，只好咬钱徽一口，元稹过去也同李宗闵有过不愉快，所以就与李绅串通一气，证明段文昌说的是事实。于是，唐穆宗命令大臣王起和白居易主持复试，先中选的十四人中，有十人落选。钱徽因此被贬去江州，李宗闵和杨汝

士也被贬出京城。有人劝钱徽把段文昌和李绅请托的信件交上去，揭发他们打击报复的阴谋，但钱徽没有这么做，却把信件烧了。人们说钱徽大度，其实他也是怕朝廷查出他的一些不法事情。宰相段文昌，自己受了贿赂，没有达到目的，就加害别人，真是可恶至极。

像段文昌这样的贪官大有人在，甚至有些贪官会主动到各考生家索要贿赂，如果给得少，他们就会再次上门，以各种借口继续索要，比如某某官员对你不满意，某某当权者不想录取你等等。考生没有办法只好再送钱物，有的人把带来的钱用光了，为了能够被录取，只好变卖衣物来贿赂官员。

历朝历代都明令禁止行贿受贿，然而却总是有人以身试法，朝廷对贿赂的处理非常严厉，一般都是斩首，并没收财产，父母妻儿流放，在这样既严又狠的治理下，贿赂的案件还是屡禁不止，法律的威慑还是抵挡不住金钱的诱惑，贿赂就像瘟疫一样，始终伴随着科举考试。

3. 代考

自从有了科举，就有代考。据说唐代已经是“入试非正身，十有三四”，可见代考的人数之多。能替别人考试的人，都是有一定才华的，之所以替别人考试，或是为金钱，或是为私情，或是为义气。

北宋大文学家欧阳修也曾经为人做代考，不过他是因为动了恻隐之心，偶一为之。王铚的《默记》里是这样记载的：天圣八年（1030 年）会试的时候，一个姓李的考生突然患病，头晕目眩，在其他考生的劝说下，勉强进了考场。第一场考诗赋，开考没多久，李某就头晕眼花，伏在桌上昏睡。过了中午，突然有人在他的腋下捅了一下，李某惊醒过来，发现原来是邻座的考生。邻座的考生问他为什么还不下笔，李某告诉他自己生病了，那位考生说，能够进会试场是多么不容易的事情，既然来了，就打起精神，坚持一下吧。在邻座的鼓励下，李某稍稍振作，试着拿起笔写字，感觉还可以。这时，邻座考生把题目中涉及的典故出处一一告知，过了一会儿，干脆把卷子推了过去，放在李某面前说：“我是解元欧阳修，你尽管拿去看，掺杂着用其中的句子，没有关系的。”李某见欧阳修这样宽厚，异常感动，脑子也逐渐清醒，开始写诗赋。第二场和第三场照旧，李某坚持完成了全部的考试。等到成绩

公布的时候，欧阳修第一名，李某也是名在上列，都中第了。李某对欧阳修感激不尽，请人画了一幅欧阳修的像，放在家中供案的祖宗牌位旁边，像对待父母一样地供祀。为活着的人供祀，在古代是最高的敬崇了。

唐代科场纪律较为松弛，所以代考现象比较猖獗。宋代中期以后，科场纪律逐渐严格，代考的事情就比较难了，而且一经发现，处罚非常重。朱国桢的《涌幢小品》记录了明万历四十四年（1616 年）会试的一桩代考案。这次考试共录取了三百五十名，第一名是沈同和。结果一公布，议论四起，有的人用泥巴涂去了沈同和的名字，还有的人聚在皇宫门口投诉。原来，沈同和是吴江人，父亲在河南当巡抚，他不闻诗书，连字也不认识几个，这样的人怎么可能中会元呢。神宗下令礼部对录取者进行复试，想看个究竟。复试时，沈同和连题目都看不明白，自然交了白卷，不用说，作弊无疑。沈同和被抓了起来，送到刑部拷问，打得皮开肉绽，才不得不吐露实情。原来，他的卷子是同乡赵鸣阳代做的，赵鸣阳同榜取在第六名。经过进一步调查，乡试时也是赵鸣阳代考的。真相大白以后，神宗降旨，削去沈同和会元之名，发配充军，赵鸣阳革去举人资格，发配充军。沈同和发配充军是罪有应得，可是赵鸣阳却十分可惜，为了一点点钱，就葬送了自己的大好前程，令人惋惜。

4. 依权杖势

我国封建社会是以权力为中心的社会，依权杖势的现象经常发生，在科举考试上也不例外。唐贞元五年（789 年）礼部侍郎刘太真任知贡举，此人仰权贵鼻息，取士全看门第，只要是宰相、大臣和方镇藩王的子弟及亲戚，他都会首先录取。唐宣宗大中十四年（860 年），中书舍人裴坦任知贡举，三十个及第者差不多都是权贵子弟，只有一个出身贫寒的陈河被列在最后一名做做样子。有些权贵甚至把名单直接交给知贡举，让他照录，连名次都是排好的。有些知贡举想摆脱权贵的束缚，却总是自己遭殃。建中初年，礼部侍郎令狐峘任知贡举，因为没有按照宰相杨炎的要求录取，被贬到了衡州。宪宗元和十五年（820 年），礼部侍郎李建任知贡举，因没有满足权贵的愿望，被调到刑部。

权贵们以权势营私舞弊，知贡举还得小心从事，要为他们打掩护。《册府

元龟》记载，唐贞元十一年（795 年），礼部侍郎吕渭任知贡举，他巴结当时掌握财政大权的裴延龄，接受了裴延龄的请托，虽然裴延龄的儿子裴操水平很差，但还是把他录取在上第。由此吕渭又安安稳稳地当了三年的知贡举。后来吕渭不慎将裴延龄请托的信件遗失在外面，泄露了舞弊的事实，吕渭才被贬到了潭州。科场成了权贵们争相操纵的舞台，慑于他们的淫威，知贡举官也只能是任由摆布，百姓更是敢怒而不敢言。

5. 其他的作弊手段

除了上述作弊手段以外，还有考官作弊，泄露考题，这种现象在科举考试中时有发生。封演在《封氏闻见记》载有唐高宗龙朔年间董思恭泄露考题的案件。董思恭是当时的宫廷秘书右史，被任命为知贡举之后，他向考生泄露策问的题目，被人揭发，按其罪行本来是要被处以死刑的，因为董思恭告发了别人阴谋叛乱，才得以幸免。唐宣宗大中九年（855 年），也发生过一桩漏题事件，被人揭发以后，相关人员都受到了处分，有的被罚钱，有的被贬职。

考场上传纸条、送信息，这样的方法应该是古往今来沿用不衰的舞弊手段了。康熙五十一年（1712 年）会试，顺天乡试解元查为仁给他人传纸条，被抓住后，引起了康熙皇帝对考试质量的怀疑，他觉得会试中靠别人代作的大有人在，于是下令增加复试。他还亲自到畅春园主持复试，结果刷掉了原来被录取的五人。从此以后，会试之后，殿试之前进行一次复试便成为了惯例。

漏题也是科举考试曾经出现过的舞弊手段之一。虽然官员们被任命知贡举以后要被隔离，但是在接到任命以后到前往贡院“隔离”这段时间，是属于考官自己的，如果想漏题，只管叫个下人送出去即可。《鹤林玉露》就曾经记载了苏轼当考官时漏题的故事。苏轼曾在主持礼部考试之前，托人将一篇文章送往李家。而李廌恰好有事外出，他的仆人将苏轼的文章放在桌上。送书信的人离开不久，章惇的两个儿子章持和章援来李家拜访，看见放在桌上的文章，感觉文笔很好，喜出望外，拿回去认真揣摩。李廌回家之后，不见苏轼的文章，心中怅惋不已。考试时，试题果然与苏轼所写的文章十分类似。章持、章援模仿苏轼的文章挥笔而就，而李廌却表现不佳。

考官与考生串通起来舞弊，也是科场上

时而发生的事情。双方约定好记号，考生在卷中标出记号，考官见到记号以后会给予好成绩。显然，作弊的手段高明与否，就要看记号做得怎么样了。这种通过做记号的方式进行的作弊被称为“通关节”。宋以后，“通关节”的技术也随着科场规章制度的严密而越来越高明、越来越隐蔽，还出现了一个专门术语“用襻”，“襻”就是旧时衣服上扣住纽扣的套。往往约定的记号为两个字，好像古代衣服上的襻扣。钟毓龙《科场回忆录》记载了这样一个有趣的故事，杭州有个叫冯培元的探花，为了报答曾经资助他完成学业的富人的厚恩，想让这位富人的儿子考上，就帮他与人约定在答卷中写两个“襻”字，富人得到“襻”字以后，心花怒放，还特意以重金聘请一位誊录书吏来誊录试卷。考试结束后，富人又热情款待誊录书吏。在酒酣之际，这位誊录书吏得意扬扬地向富人邀功，说发现试卷中有两个字不通，帮着改掉了，而这两个字恰好就是用于通关节的“襻”字，这位富人气得把酒桌掀翻了。好不容易弄来通关节的“襻”字，又被改掉了，真是弄得人哭笑不得。

六、科举人物的喜怒哀乐

“洞房花烛夜，金榜题名时”，这是千百年来读书人最向往的幸福时刻，能成为驸马爷更是连做梦都梦不到的美事儿，自古以来，民间就经常把驸马与状元这两个词联系起来，好像中了状元就可以做驸马了。但实际上并非如此，能够成为驸马的状元屈指可数，而且，驸马也不是那么好当的。

《新唐书·白敏中传》中记载了唐代郑颢被招为驸马的事情。这桩婚姻的撮合者是白居易的弟弟、宰相白敏中，他为了投合唐宣宗为最宠爱的女儿万寿公主物色士族驸马的心思，把正在迎亲路上的郑颢推荐给皇帝。宣宗见郑颢出身名门，又中过状元，非常满意，立即将郑颢召回京城。本来郑颢早有婚约在身，正打算迎娶卢家的千金。可是这位年轻英俊的状元被皇上看中了，非要将自己心爱的女儿万寿公主许配给他，郑颢偏偏不爱公主，非娶与自己青梅竹马的卢家小姐。唐宣宗便让宰相白敏中说服他，白敏中费尽口舌，又多方威逼利诱，郑颢无奈，只好退婚，改娶皇帝的女儿。做皇帝的乘龙快婿，人们总认为这是天堂般的生活，其实不然。郑颢和公主婚后的生活并不幸福，处处受到约束，时时要看公主脸色，特别是驸马的父母也得跟着受罪，因为按照朝廷的规定，公主是不能侍奉公婆的，公主对待公婆就像对待平辈一样。有一次，郑颢病重卧床，万寿公主竟然去慈恩寺看戏，宣宗知道后，也深有感慨，怪不得一般的士人都不愿意同皇帝结亲呢。郑颢对白敏中撮合的这桩婚事一直耿耿于怀，后来他多次弹劾白敏中，幸好唐宣宗自知理亏，替白敏中压下了弹劾的奏章。

“今日科场折桂，来日就能着紫配金”，每当进士榜一揭晓，权贵们就忙着打听新进士中有多少闺男、何方人士等等。彭乘的《墨客挥犀》描述了一则非常有趣的故事。某次进士榜公布了以后，一位大官看中了一个很帅气的新进士，就让一帮随从把新进士簇拥到了他的府上，大官向新进士提出，要把女儿许配给他。新进士恭恭敬敬地鞠了一躬，表示非常感激，说如果能够高攀当然十分荣幸，不过，他要先回家去和妻子商量一下再说。在场的很多围观者一起笑了起来。这位大官还算好的，因为他并没有为难新进士。在很多时候，权贵们为了达到自己的目的，往往软硬兼施，威逼利诱，胁迫新进士就范。

七、发人深省的科举奇闻

犹如许多文化现象一样，科举也渗透到了社会生活的各个方面，影响到人们的价值判断、行为准则以及风俗习惯等，许多科举奇文更是发人深省。

1. 神灵保佑中状元

在唐代，应试者喜欢占卜问卦，一般在考前都要来算上一卦，或是图个吉利，或是讨个心理安慰，所以唐代算卦看相的行当非常红火。《太平广记》里有这样一则故事，唐代有位范生在长安东大市场的铁行设摊卜卦，人们都说他卜卦非常灵验，有很多举人的科场成败都被他言中。有个从江南来应试的富家子弟郑群玉，诗赋一般，人却很高傲，认为自己一定会得冠。一天，他带着仆人，骑着高头大马来找范生算卦。他出手非常阔绰，给了范生三千钱，还有很多名贵的江南特产。老谋深算的范生当然明白这个富家子弟的心思，所以就顺着杆子爬，说他大吉大利，郑群玉听得心花怒放，又送给范生很多珍贵的礼物，还请范生喝酒。可是，拿到诗卷的郑群玉当时就蔫了，一个字也写不出来，最后只好交了白卷。

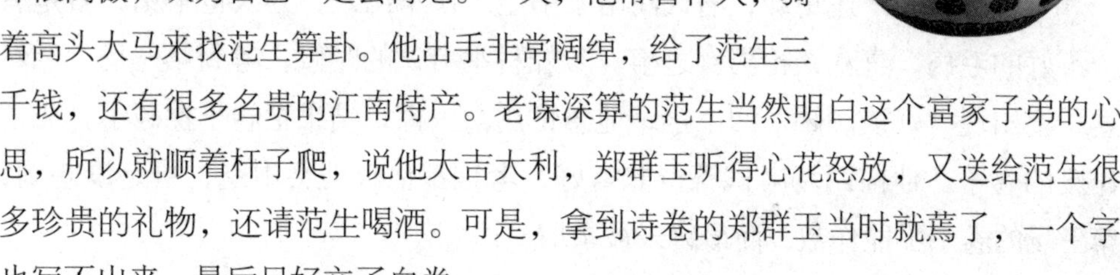

在明代，应试者在考前都要去庙里上香祷告，希望自己高中。有个吕公堂是一座建于明成化初年的小庙。庙虽小，可是它竟然得到了万历皇帝的赐名——护国永安宫。据说，这里的求愿方式与别处不同，别处都是许个愿，或是求个签，而这里是祈梦求愿。有人说是吕公堂内有一梦塌，求愿者躺在塌上，在梦里求神仙保佑，就会得偿所愿，也有人说是求神仙托梦给自己，总之，在这里求愿，都是要在梦里进行的。

吕公堂北去不远，就是科考的考场贡院。春秋两季进京赶考的各地学子为了考中，纷纷来这里祈梦求愿。据传说，明万历年间，高斗光来京赶考，到吕公堂求愿，回到住处，梦见道士对他说："你与高斗光同年。"高斗光答："我就是高斗光。"道士说："你是高道素。"高斗光从梦中醒来，感到非常诧异，就按照道士的指点，改了名字。后来发榜，高道素中了第三十六名，而同一榜

上的高斗光则是第九十名。高斗光到吕公堂求愿的消息一下子就传开了。考生们坚信，吕公堂的神仙是最灵的。于是每到考前，吕公堂里热闹非凡，全国各地的考生云集于此，祈求考中。其实到吕公堂求愿，到底有多灵，谁也说不准，但是它在考前带给应试者们的心理安慰却是巨大的。

2. 才子有德方及第

在《科场异闻》中记载了这样一个故事，明宣宗时期，曹鼐在江西泰和做管治安的典史，据说他是一个出名的正人君子。有一次办案，他抓住一名女贼，这个女贼姿色可人，故意靠近曹鼐，肆意挑逗，以求脱身，曹鼐大声喝斥，不许她近身，并拿过一张纸，大书“曹鼐不可”，正襟危坐，看守了女贼一夜。宣德八年（1433 年），曹鼐参加殿试，正在冥思苦想时，突然飘来了一张纸，上面写着“曹鼐不可”。当时有个习惯，把状元称作“不可”，是难以企及的意思，曹鼐见纸，顿时来了灵感，文思泉涌，结果中魁。“曹鼐不可”四个字后来就成了士人抵御女色的座右铭。

《科场异闻》还记载，清代江南某书生，才华出众，为人也不错，就是有个不好的毛病，喜欢谈论男女之事。参加科举考试的时候，考到第三场，忽然卷子上出现“好谈闺阃”四个字，他急忙用力去擦，结果把卷子擦破了，成了作废的卷子。他前两场考试答得非常好，考官都估计他会中魁，可是没想到，第三场的卷子不能作数，而最终未被录取。

德以孝为首，有孝行的人也会有好的回报。戴璐的《藤荫杂记》记载了这样一个孝子的故事。乾隆二十八年（1763 年）的状元秦大成是一位出了名的孝子。他年幼丧父，对母亲极为孝顺，母亲稍微有点不开心，他就长跪请罪，家里穷，他宁愿自己吃野菜，也要让母亲吃上可口的饭菜。他在离家四五里以外的私塾教书，每天晚上都要回来探望母亲，无论春夏秋冬，从未间断过。他不仅孝敬母亲，也喜欢成人之美。乾隆二十四年（1759 年）秦大成中了举人，当时他的妻子已经过世，他续弦娶了一位姑娘。洞房之夜，新娘子痛哭流涕，秦大成探问缘由，她说自己本来从小就许配给了邻村的李某，但是，后来父母因为嫌弃他家太穷，就逼她另嫁。秦大成一听，责怪她不早点说，马上退出了洞房，派人把李某请来，让他和姑娘成

亲，洞房摆设、嫁妆统统奉送，第二天还吹吹打打把他们送回了家。秦大成会试的前一天晚上，梦见了文昌帝，文昌帝说他有孝行，又有还妻善举，早该中进士了，果然，好梦成真。

人们都相信“善有善报，恶有恶报，不是不报，时候未到”。人们之所以会相信因果报应，是因为人们都希望好人能够得到幸运，恶人能够得到应有的惩罚，这些只是人们美好的期望，人们希望科举不仅要选拔有才能的人，而且还要选择有德行的人，只有德才兼备的人才能为人类造福。

3. 哭笑不得文字案

中国封建社会因为文字导致的案件时有发生，同样，在科举史上，也曾经发生过此类事件。雍正四年（1726 年），礼部侍郎查嗣庭被委任为江西乡试主考。查嗣庭在康熙四十五年（1706 年）中进士，后入翰林，他的两个哥哥都是翰林出身，查氏兄弟科场得意，官运亨通，很受人们羡慕。然而厄运却突然降临到了他们头上。江西乡试刚结束查嗣庭就被抓进了大牢，罪名是诽谤朝廷。原来，查嗣庭所出的考题中有两道题被认为是“心怀怨望，讥刺时事”。一道出自《论语》，“君子不以言举人，不以人废言”。另一道是出自《孟子》，“山径之蹊间，介然用之而成路。为间不用，则茅塞之矣，今茅塞子之心矣。”这句话的意思就是说，山上的路走得多了就会保留下来，经常不走就会被长起的茅草堵塞，思考也像走上山路一样，现在你的心被茅草堵住了。有人向雍正皇帝密报，查嗣庭出题讽刺朝廷堵绝言路。接到密报后，雍正立刻下令将查嗣庭逮捕，搜查他的各种文字稿件，结果在查嗣庭的行李箱搜到了两本日记，上面有很多地方对皇帝进行了讽刺，还有对自己被派遣主持乡试表示不满的言论，雍正皇帝下令交三法司审讯定罪。

乾隆十年（1745 年），高中状元的钱维城被选为清书翰林，也就是准备让他去办理满文公文。钱维城自以为脑子灵，觉得满文好学，毫不在意。过了一段时间，正式选官考试，钱维城交了白卷，乾隆皇帝本来很赏识他，可是看他交了白卷，觉得他根本不把满文放在眼里，非常气愤，要治他的罪，后来在大臣傅文忠的再三劝说下，钱维城才没有受罚。

说到文字，《清稗类钞》里曾经记载了一则让人哭笑不得的故事。江苏有个廪生，考试的时候遇到数字就用阿拉伯数字写了，主考官黄漱兰看到后非常生气，贴出布告，说这个廪生把外国字写入了试卷，是用夷变夏（用野蛮民族的文化来改变中国），居心叵测，应立即停止发给他作为国家补贴的廪饩，受此打击以后，这位廪生精神病发作，不久后就死去了。

4. 春夏两榜两状元

明代洪武三十年（1397 年），科举考试时出了一起前所未有的怪事，即有春夏两榜、两个状元。第一榜的进士都是南方人，第二榜的进士都是北方人，人们由此称为“南北榜”。这件怪事的制造者就是明太祖朱元璋。

和每年一样，会试、殿试按照惯例于春天开考，最后录取了五十二名。名单朱元璋也看过，没提什么意见就照准了。可是金榜一挂出来，北方举人就闹腾起来了，他们用泥巴把金榜打得污渍斑斑，一片狼藉，又拥到礼部门前，大喊不公平，痛骂主考刘三吾和副主考白信蹈。而且，没过多长时间，南京城里到处张贴鸣冤叫屈的字帖，朝廷内外议论纷纷。原来，这次录取的五十二名进士清一色的都是南方人，刘三吾和白信蹈一个是湖南人，一个是江西人，北方落第举人愤愤不平，认为考官压制北方人，偏袒南方人。

朱元璋得知后，非常生气，朱元璋本人也是南方人，跟着他打天下的大部分功臣也都是南方人，都城又在南京，南方与北方的官僚之间存在着隔阂，这也一直是朱元璋的一块心病，现在北方人又闹了起来，弄不好会引起更大的矛盾。于是，朱元璋把刘三吾请来，想让他承担点责任，自己也好有个台阶下，也好平息舆论。可是这位 85 岁的老翰林非常倔强，硬是不承认自己有错，而且口里还振振有词地说，如果查出来自己有什么徇私舞弊的地方，甘愿接受任何惩罚，朱元璋拿他没有办法，勃然大怒，将他赶了出去。

为了解决问题，朱元璋又找来了翰林院侍讲张信，命令他和新状元一起复查试卷，张信并没有领会皇帝的真正意图，查了二十多天，老老实实地报告说南北方人的水平的确相差悬殊，南方最后一名的文章也比北方第一名的文章要好得多，而且他还为刘三吾辩解，朱元璋越听越生气，下令将刘三吾、白信蹈、张信等人打入大牢，而且还抓了他们的亲戚好几百人，严刑逼供，最后编造

了一个六百多人徇私舞弊的罪证。白信蹈、张信和二十多名试官全部被处死，刘三吾因为年岁已老，发配流放到边陲充军，有人告发新状元与张信同流合污，最后也被处死。之后，朱元璋再次下令翰林院重审考试落第的卷子，选出了六十一名北方人，六月一日，朱元璋亲自出题殿试，亲自阅卷，选中了山东人韩克忠为状元，这一榜被称为“夏榜”，闹了几个月的南人榜案终于落下了帷幕，最终以几十个人的牺牲和重贴金榜而告终。

其实，从考生的试卷上是看不出来谁是南方人，谁是北方人的。而且在当时，北方由于长期战乱，文化教育受到了严重的影响，北方人的文化水平远远低于南方人，这也是客观事实。为了避免此类的矛盾出现，明仁宗采纳杨士奇的建议，分南北录取，南方占名额的百分之六十，北方占百分之四十。再后来，把全国分成了南北中三大区，按照各个区的人口数量确定各省在会试进士中的名额，清代一直延续着这一做法。

5. 因祸得福中进士

《唐摭言》里记载了包谊的故事。包谊去长安参加进士的考试，可是到了长安，考试的时间已经过了，负责皇族事务的宗人府祭酒怜惜他，把他留下来当幕僚，处理文书事务。包谊喜欢逛佛寺，一天他去游佛寺的时候无意冲撞了替皇室拟诏的中书舍人刘太真。刘太真看包谊的打扮，知道他是位举人，命令随从过去询问。包谊向来比较清高，脾气倔强，对眼前的这位大官一点也不在乎，回答说：“包谊是来考进士的，素不相识，哪里用得着你劳心问询。”刘太真非常生气，堂堂的朝廷大臣，从来没有被人小瞧过，包谊一小小的举人就这么狂妄，这要是中了进士还了得。

第二年，刘太真任命知贡举，他牢牢记住了包谊这个名字，决心不让他及第。考杂文的时候，刘太真把包谊贬得一无是处，甚至是让包谊下一场的考试不要来考了。过了一会儿，刘太真又觉得自己的行为有些过头了，包谊虽然损了自己的面子，但是自己这样明着报复他，别人会说自己没有肚量，要想惩罚他很容易，只要不让他中第就是了，于是，他又派人通知包谊来参加试策。

名次初定以后，刘太真按当时的惯例，呈给宰相过目。宰相发现及第的名单中有个叫朱泚的，觉得很不合适。朱泚的读音听起来像“诛之”，不吉利，宰

相要求刘太真马上把朱泚换掉，刘太真慌了，怎么也想不起来其他应试者的名字，只记得一个包谊，没办法，只好把包谊报给了宰相，结果包谊就这样成了进士。

《太平广记》中记载，唐代有个叫皇甫弘的人，他最开始在华州参加解试，因为贪杯，喝醉了酒，把当主考的刺史钱徽得罪了，被赶出了考场。第二年，他又到陕州参加解试，取得了礼部试的资格，赶赴长安应试，他听说是钱徽任知贡举，心里凉了半截，知道这次又没戏了，决定不去考了，就往回走。走了几天，有天晚上他做梦，梦到奶奶告诉他，他进士能考上，皇甫弘相信这个梦一定能够应验，立即回头，赶赴长安应考。当了礼部侍郎的钱徽发现了皇甫弘在应试者之列，有心想挫挫他的锐气，不过又怕别人说他小心眼，所以他就决定暗中不让皇甫弘及第就是了。

考完阅卷后，名次大致定了，但是要改换一个人，考虑来考虑去，总是拿不定主意，弄到凌晨也睡不着。情急之下，他命下人抽一些卷子来，随便从中抽出一个来，打开来一看，竟然是皇甫弘的卷子，钱徽想这大概是天意吧，于是就没有再改，结果皇甫弘幸运地成了进士。

同样幸运的还有张之万，他是张之洞的堂兄。道光二十七年（1847 年）殿试，首席阅卷官大学士卓秉恬很想提拔他的同乡、四川举人伍肇龄。因为殿试是看不见应试者的姓名的，所以卓秉恬就暗中告诉阅卷的各位大臣，注意伍肇龄的字体。大臣们细心对照，终于找到了一份字体很像的卷子，经卓秉恬认定后，被录取为第一。结果拆封唱名的时候，第一名的卷子并不是伍肇龄的，而是张之万的，因为张之万的字体和伍肇龄的很相像，竟意外地捡了顶桂冠。后来张之万还当上了东阁大学士，虽然没有堂弟张之洞那样的胆识，但也是业绩不菲。

科举犹如一面镜子，映射出世人的心态和社会的意识。希望透过这些发人深省的科举奇闻，能够引起大家更多的思考，从而发掘出更多的历史真谛。

古代启蒙课本

中国蒙学有着悠久的发展历史，两千多年间，涌现了难以计数的蒙学教材。著名的教育家陶行知曾经说过："中国现在销行最多的书是什么？据我观察，还是《三字经》《百家姓》《千字文》《大学》《中庸》《论语》《孟子》。"由此可见，作为启蒙读物的"三、百、千"在我国文化史上的地位是何等的显著。

正是这些小课本，让我们学习到了许多流传千古的美德故事，从中懂得了如何孝敬父母、怎样热爱祖国。

一、《三字经》

《三字经》是一部人们熟悉的传统幼学启蒙教材，在我国流传已有一千多年。它曾经被译为满、蒙、英、法、拉丁等多种文字。早在南宋末年的时候，《三字经》就已经传到了日本，清朝初期时传到了俄国和欧洲，后来又传到了北美地区。海外人士对这本书在伦理道德教育方面的意义也都非常重视，1898 年 7 月，新加坡汾阳公会组织青年人读《三字经》；1990 年 10 月，新加坡教育出版社出版了第一部英译本的《三字经》，并且在法兰克福书展上展出。而就在同一年，《三字经》被联合国教科文组织选入了《儿童道德丛书》之中。这样一本小小的《三字经》居然有这么大的魅力，为什么呢？

《三字经》相传是宋末大学问家王应麟所著。王应麟（1223–1296 年），字伯厚，号深宁居士，进士出身，是南宋著名的学者、教育家、政治家。他的祖籍在河南开封，后来迁居到庆元府鄞县（今浙江鄞县），曾历事南宋理宗、度宗、恭帝三朝，官至吏部尚书。王应麟博学多才，对经史子集、天文地理都有研究，是南宋末年的政治人物和经史学者。南宋灭亡以后，他隐居乡里，闭门谢客，专注于著书立说。王应麟隐居了二十多年，在他的所有著作中，都是只写甲子不写年号，以此来表示他不向元朝称臣。他一生著作很多，有《困学纪闻》《玉海》《诗考》《诗地理考》《汉艺文志考证》《玉堂类稿》《深宁集》六百多卷。但被后世广泛流传的却是这部《三字经》——王应麟晚年为教育本族子弟读书而编写的一本融会中国文化精粹的“三字歌诀”。他的著作有很多而且学术价值也非常高，可是它们直到清朝时才引起大家的重视，其中《玉海》是一部百科全书式的著作，是他为了准备博学宏词考试时整理的；《汉制考》是一部历史著作；而《困学纪闻》是笔记类的著作，集合了他大量经史研究的心得成果。他的《三字经》经明、清学者陆续补充，到清朝初期时已经有一千一百四十字了。

《三字经》是一部高度浓缩的中国文化史，它把

经、史、子、集等各类知识糅合在一起，全文引用的典故极多，充满了积极向上的乐观精神。可以说它既是最基本的蒙学识字教材，又是一部含有中国传统的教育、历史、天文、地理、伦理和道德以及民间传说为一体的初等百科全书。全书共三百八十句，结构严谨、文字简练、概括性强，三字成句或三字倍数成句，读起来朗朗上口，通俗易懂，便于记忆。许多人少时读过，竟然终生不忘。全书从论述教育的重要性开始，开篇是“人之初，性本善。性相近，习相远”，然后依次叙述三纲五常十义，五谷六畜七情，四书六经子书，历史朝代史事，最后以历史上奋发勤学、显亲扬名的事例作结，把识字、历史知识和封建伦理训诫冶为一炉。“养不教，父之过；教不严，师之惰”“玉不琢，不成器；人不孝，不知义”等成为家喻户晓，妇孺皆知的名句。

本书可以分为五个部分，第一部分讲的是教与学的关系，不仅说明了教育的必要性，还说明了教育是需要由社会、学校、家庭一起承担的。在这一部分中，还讲述了著名的“孟母三迁”“断机教子”“黄香温席”“孔融让梨”的故事。

昔孟母，择邻处。子不学，断机杼。

孟轲，字子舆，世称孟子，战国中期邹人。他是继大教育家孔子之后最有影响力的儒家大师，被后世尊称为“亚圣”。由于他继承并发展了孔子创立的儒家学说，他的思想被纳入了孔子学说思想体系，被人们合称为“孔孟之道”。孔孟的儒家学说深刻地影响着中国封建时代的政治、经济和文化。历代的封建统治者，都根据自己的利益和需要来利用和改造儒家思想，使它为维护封建统治服务。孟子是鲁国贵族孙氏的后代，尽管出身贵族，但他并未享受到衣来伸手、饭来张口的生活。相反他的家境很贫寒。孟子的父亲死得很早，他是由母亲一手带大的。在他小的时候，孟子一家居住在城北的乡下，他家附近有一块墓地。墓地里，送葬的人忙忙碌碌，每天都有人在这里挖坑掘土。死者的亲人披麻戴孝，哭哭啼啼，吹鼓手吹吹打打，颇为热闹。年幼的孟子，模仿性很强，对这些事情感到很新奇，看到这些情景，也学着他们的样子，一会儿假装孝子贤孙，哭哭啼啼，一会儿装着吹鼓手的样子。即使和邻居的孩子嬉戏时，也模仿出殡、送葬时的情景，拿着小铁锹挖土刨坑。一心想使孟子成为好读书、有学问的人

的孟母，看到儿子的这些表现，心里很难受。她感到这个环境实在不利于孩子的成长，认为“此非所以居吾子也”，于是就决定搬家。不久，孟母把家搬到了城里。战国初期的时候，商业已经相当发达，在一些较大的城市里，既有坐商的店铺，也有远来做生意的行商。孟子居住的那条街十分热闹，有卖杂货的，做陶器的，还有榨油的油坊。孟子住家的西邻是打铁的，东邻是杀猪的。闹市上人来人往，络绎不绝。行商坐贾，高声叫卖，好不热闹。孟子天天在集市上闲逛，对商人的叫卖声最感兴趣，每天都学着他们的样子喊叫喧闹，模仿商人做买卖。孟母觉得家居闹市对孩子更没有好影响，于是又搬了一次家，这次搬到了城东的学宫对面。学宫是国家兴办的教育机构，聚集着许多既有学问又懂礼仪的读书人。学宫里书声琅琅，可把孟子吸引住了。他时常跑到学宫门前张望，有时还看到老师带领学生演习周礼。（周礼，即周朝的一套祭祀、朝拜、来往的礼节仪式）在这种气氛的熏陶下，孟子也和邻居的孩子们做着演习周礼的游戏。不久，孟子就进这所学宫学习礼乐、射御、术数。孟母非常高兴，就在那里定居下来了。这就是历史上著名的“孟母三迁”的故事。

而对于孟子的教育，孟母更是重视。除了送他上学外，还督促他学习。孟子少年读书时，开始也很不用功。有一次，孟子放学回家，孟母正坐在机前织布，她问儿子：“《论语》的《学而》篇会背诵了吗?”孟子回答说：“会背诵了。”孟母高兴地说：“你背给我听听。”可是孟子总是翻来复去地背诵这么一句话：“子曰：‘学而时习之，不亦说乎?’”孟母听了又生气又伤心，举起一把刀，“嘶”地一声，一下就把刚刚织好的布割断了，麻线纷纷落在地上。孟子看到母亲把辛辛苦苦织好的布割断了，心里既害怕又不明白其中的原因，忙问母亲出了什么事。孟母教训儿子说：“学习就像织布一样，你不专心读书，就像断了的麻布，布断了再也接不起来了。学习如果不时时努力，不常常复习，就永远也学不到本领。”孟子很受触动，从此以后，他牢牢记住母亲的话，起早贪晚，刻苦读书，终于成为一代大儒，被后人称为“亚圣”。

孟母施教的种种做法，对于孟子的成长及其思想的发展影响极大。良好的环境使孟子很早就受到礼仪风习的熏陶，并养成了诚实不

欺的品德和坚韧刻苦的求学精神，为他以后致力于儒家思想的研究和发展打下了坚实而稳固的基础。

香九龄，能温席。孝于亲，所当执。

汉朝时，有个叫黄香的人，他小的时候，家中生活很艰苦。在他 9 岁的时候，母亲就去世了，黄香非常悲伤。他本来就非常孝敬父母，在母亲生病期间，小黄香一直不离左右，守护在妈妈的病床前。母亲去世后，他对父亲更加关心、照顾，尽量让父亲少操心。

冬夜里，天气特别寒冷。古时候，农户家里没有任何取暖的设备，很难入睡。一天，黄香晚上读书时，感到特别冷，捧着书卷的手一会就冰凉冰凉的了。他想，这么冷的天气，爸爸一定很冷，他白天干了一天的活，晚上还不能好好地睡觉。想到这里，小黄香心里很不安。为让父亲少挨冷受冻，他读完书便悄悄走进父亲的房里，给他铺好被，然后脱了衣服，钻进父亲的被窝里，用自己的体温，温暖了冰冷的被窝之后，才招呼父亲睡下。黄香用自己的孝敬之心，暖了父亲的心。黄香温席的故事，就这样传开了，街坊邻居人人夸奖黄香。

夏天到了，黄香家低矮的房子显得格外闷热，而且蚊蝇很多。到了晚上，大家都在院里乘凉，尽管每人都不停地摇着手中的蒲扇，可仍不觉得凉快。入夜了，大家也都困了，准备睡觉去了，这时，大家才发现小黄香一直没有在这里。父亲到处找他，最后看到黄香从父亲的房中走出来，满头的汗，手里还拿着一把大蒲扇。一问才知道，为了让父亲睡好觉，他早早地进入父亲的房间，把蚊蝇赶走。从那以后，黄香为了让父亲休息好，晚饭后，总是拿着扇子把蚊蝇扇跑，还要扇凉父亲睡觉的床和枕头，使劳累了一天的父亲早些入睡。

这就是著名的“黄香温席”的故事。从黄香的身上，我们看到了“孝敬父母”这一中华传统美德！

融四岁，能让梨。弟于长，宜先知。

孔融小时候聪明好学，才思敏捷，大家都夸他是奇童。4 岁的时候，他就能背诵许多诗词歌赋了，并且懂得很多礼节，父母亲都非常喜爱他。

一日，父亲的朋友带来一些梨子，父亲叫孔融他们七兄弟从最小的孩子开始自己挑，小弟首先挑走了一个最大的，轮到孔融的时候，他拣了一个最小的

梨。父母问他这样做的理由，他说道：“我年纪小，应该吃小的，剩下的大梨就给哥哥们吧。”父亲听后十分惊喜，又问他道：“那弟弟也比你小啊？”孔融说：“因为我是哥哥，弟弟比我小，所以我也应该让着他。”父母听到他的回答，满意地笑了。于是，孔融让梨的故事，很快传遍了曲阜，并且一直流传到今天。

《三字经》的第二部分主要介绍的是儿童们必须掌握的社会伦理道德、基本的数目以及名物方面的知识。文章以“首孝悌，次见闻”作为总括来对儿童进行道德和智力两方面的教育。在道德伦理方面，介绍了“三纲”（三纲者，君臣义。父子亲，夫妇顺）“五常”（曰仁义，理智信。此五常，不容紊）“九族”（高曾祖，父而身。身而子，子而孙。自子孙，至玄曾。乃九族，人之伦）“十义”（父子恩，夫妇从。兄则友，弟则恭。长幼序，友与朋。君则敬，臣则忠。此十义，人所同）等封建社会所宣扬的等级观念。而在智力培养方面，这部分首先介绍了数目，由一至十、百、千、万；还有“三才”（三才者，天地人）“三光”（三光者，日月星）“四季”（曰春夏，曰秋冬。此四时，运不穷）“四方”（曰南北，曰西东，此四方，应乎中）“五行”（曰水火，木金土。此五行，本乎数）“六谷”（稻粱菽，麦黍稷。此六谷，人所食）“六畜”（马牛羊，鸡犬豕。此六畜，人所饲）“七情”（曰喜怒，曰哀惧。爱恶欲，七情具）“八音”（匏土革，木石金。与丝竹，乃八音）等涉及各方面的知识。这部分的内容虽然很琐碎，但是作者把它们都分门别类了，并且都用数字进行了穿插，这样很方便儿童进行记忆和背诵。由于文字通俗易懂，念起来朗朗上口，所以很适合儿童启蒙需要。

《三字经》的第三部分介绍了中国古代的文化精髓，同时也说明了中国古人的求学过程。读完下面的这段话大家就会知道古人的学习过程是怎样的了——先是“小学”，读完“小学”之后是“四书”，“四书”读熟了就轮到“六经”，当这些儒家经典著作都读熟并铭记于心之后，才开始读诸子百家的书。之后再读经书和子书，等都通了之后就开始读各朝代的史书，从各个国朝的时代系统之中了解历史事件的始末。在书里被称为“四书”的就是指《大学》《中庸》《孟子》《论

语》。《大学》是《礼记》中的一篇，是儒家学者论述大学教育的一篇论文，它着重阐明“大学之道”——“三纲领”“八条目”，讲述了从修身、齐家到治国、平天下的道理。《中庸》也是《礼记》之中的一篇，传说是孔伋所作。全书一共三十三章，主要阐述了先秦儒家人生哲学和修养问题，提出了“中庸之道”，这本书对后世的知识分子、一般民众的个人修养、精神生活和为人处世之道，都有极其深远的影响。《孟子》一共七篇，讲的都是儒家的仁义道德。而《论语》则是孔子的弟子记录孔子对其弟子的言行等方面的教导和训诫。所谓“六经”指的就是《诗经》《书经》《易经》《礼记》《乐经》《春秋》。《诗经》是中国最早的诗歌选集，共三百零五篇，分为“风、雅、颂”三个部分，它对个人品德修养和人际交往都有重要作用，所以受到重视，列为必学的科目，不仅要求记诵它，而且要求在社会生活中加以应用。《书经》又叫《尚书》，是古代历史的文献汇编，它保存了一定的古代文献史料，有重要的历史价值。《易经》又称《周易》，它是一部占卜之书，书中说的八卦象征了天、地、雷、风、水、火、山、泽这八类事物。《礼记》又称《士礼》，书中主要是想让大家学会礼的仪式，更重要的是要理解礼的精神实质。《乐经》现在已经失传了。而《春秋》是我国现存的第一部编年史，具有重要的历史价值，为孔子所编，记载了从鲁隐公元年（公元前 722 年）至鲁哀公十四年（公元前 481 年）共二百四十二年的历史，记载了当时的政治、经济、军事、天文、地理、灾异等方面的资料。它流传至今的有三部，《春秋公羊传》《春秋穀梁传》《春秋左氏传》。诸子中有五部重要的子书：《荀子》《扬子》《文中子》《老子》《庄子》。通过《三字经》对这些书目的简单描述，我们就对中国古代文化有了一个整体的了解，而这一点却是其他蒙学教材所没有的。它提出分阶段读书的目标和要求，让儿童循序渐进地看书、学习。它介绍的古代学者以及他们的著作，对普及文化典籍知识起到了积极的作用。

《三字经》的第四部分主要讲述的是历史上王朝的兴起和灭亡以及帝王世系。这部分的内容约占了全书总篇幅的四分之一。通过《三字经》的介绍，我们会发现中华文明可以追溯到上古时代的“三皇”“二帝”“三王”。“三皇”

指的是伏羲、神农和黄帝，而“二帝”指的是唐尧和虞舜，他们禅让帝位，称为太平盛世。“三王”指的是夏朝的禹王、商朝的汤王、周朝的文王和武王。到夏桀灭亡时，夏朝存在了四百年。至纣王灭亡时，商朝存在了六百年。周朝在历史上存在了八百年。周平王迁都洛阳后，政权崩溃，诸侯争霸。从春秋到战国，先后称霸的有齐桓公、晋文公、楚庄王、吴王阖闾、越王勾践，后来还有秦、楚、齐、燕、韩、赵、魏七个诸侯国称雄。再后来，秦始皇统一了其他六国，建立秦朝。传到秦二世的时候，楚霸王项羽和汉高祖刘邦争夺天下，刘邦打败了项羽，建立了汉朝的帝业。就这样，各个朝代彼此交替存在，书中一直介绍到了明朝的灭亡。（因为有后人不断地补写，所以一直介绍到了明朝的灭亡）《二十二史》里全面地记载了从上古以来的历史，记叙了各个太平盛世和乱世的史实，从中我们可以了解到各个王朝兴盛和衰亡的原因。（“廿二史，全在兹。载治乱，知兴衰”）以史为鉴，我们可以学到很多东西。在蒙学阶段，根据儿童的接受能力，不要求学生去读《史记》《汉书》等历史著作，但这并不表明不需要对处于蒙学阶段的儿童进行历史知识教育，而在这一点上，《三字经》就为其他的蒙学教材作出了榜样。

书的最后一部分主要讲述了一些历史上著名人物，他们年少时努力学习，最后终有成就的励志故事。这些故事都是家喻户晓并且都是鼓舞儿童奋发向上的好材料，我们再来重温一下吧。

昔仲尼，师项橐。古圣贤，尚勤学。

这说的是著名的大师孔子曾拜一个叫作项橐的孩子作为老师。项橐就是被人们尊称的“圣公”。传说有一天，7 岁的项橐与他的伙伴在路当中砌石城玩，恰好孔子师徒路经此处，孔子的学生子路大声喊道：“躲开，躲开！”其他孩童纷纷躲在路旁，但是只有项橐一个人站在那里不闪躲。孔子上前一看，原来这些孩子们在路上用石子排了一个小城，孔子问：“你们为什么把这些石子放在路的中央？”项橐回答道：“我们在砌城呢。”孔子又问：“砌城是干什么用的呢？”项橐说：“以假的来充当真的城池，我们就是在玩。”孔子又问他：“既然是在玩，为什么我的车来到面前而你却不闪躲？”项橐答说：“城墙高高，城门紧闭，

你怎么能过得去呢？”孔子无言以对，站在那里想了半天，于是说道：“如果我想过去又该怎么做呢？”项橐听了笑道：“你说是城躲车马呢，还是车马躲城？”孔子听了很无奈，于是对他的徒弟说：“我们还是绕城走吧。”

孔子一行未走多远，正碰上项橐之父锄地。孔子好奇地问：“看您忙碌一天，您手中的锄能抬多少次？”项父支吾良久，回答不出来，正说之间，项橐正好回到父亲身边，见孔子问话离奇，难住了自己的父亲，便走近前来，对孔子说：“我父亲是农民，没有读过书，无法记数，你们大家都是读书人，那么我想问问你们知道不知道你们骑的马的马蹄一天能抬多少下？”孔子师徒你看看我，我看看你，谁也答不上来。

仲尼对项橐说：“你年纪这么小，但是懂事却不少，两次难住了我们。我现有一题，看你能不能答出来。”项橐说道：“什么题，您尽管说来，不过我也有个条件，你出之题若能难住我，我甘拜下风，拜你为师。如若答出，并能难住你们，那你就拜我为师。怎么样？”孔子欣然同意。然后孔子问道：“人生在这个世界上，托日月星辰之光，地生五谷，才养育了众多生灵，那么我问你天上有多少日月星辰？地上有多少五谷？”项橐回答说：“天上星辰三百三十六万三千六百个，地上五谷就是黍、谷、稷、穇、稻。”项橐自知这是孔子特地难为他，随即就问孔子说：“人的眉毛在眼睛上，天天可见，这是人人皆知的事情，那么我想问问你我们的眉毛有多少根？”孔子师徒无言可答。于是项橐就说道：“你我有言在先，君子不应该失信于人，如果失信了那就不是君子了。”孔子无奈，便跪于地下，嘴里说道：“师父在上，请受弟子一拜。”项橐说道：“徒儿请起。”这就是项橐三难仲尼的故事。也就是《三字经》里“昔仲尼，师项橐。古圣贤，尚勤学”的历史典故。圣人孔子曾以7岁的孩子项橐当作老师来请教，连古代的圣贤都能如此勤学好问，那我们是不是更应该加倍努力学习、虚心求教呢？

头悬梁，锥刺股。彼不教，自勤苦。

东汉时候，有个人名叫孙敬，是著名的政治家。他年轻时勤奋好学，经常关起门，独自一人废寝忘食地读书。时间久了，他疲倦得直打瞌睡，他怕影响自己的读书学习，就想出了一个特别的办法。古时候，男子的头发很长，于是

他就找来一根绳子，一头牢牢地绑在房梁上。当他读书疲劳打盹时，头一低，绳子就会牵住头发，这样头皮扯痛了，马上就清醒了，再继续读书学习。这就是孙敬悬梁的故事。

苏秦是洛阳人。洛阳是当时周天子的都城，苏秦很想有所作为，曾求见周天子，却没有引见之路，一气之下，变卖了家产到别的国家找出路去了。但是他东奔西跑了好几年，也没做成官。后来钱用光了，衣服也穿破了，只好回家。家里人看到他拖着草鞋，挑副破担子，一副狼狈样，父母狠狠地骂了他一顿；妻子坐在织机上织帛，连看也没看他一眼；他求嫂子给他做饭吃，嫂子不理他扭身走开了。苏秦受了很大刺激，决心争一口气。从此以后，他发愤读书，钻研兵法。有时候读书读到半夜，又累又困，他就用锥子扎自己的大腿，虽然很疼，但精神却来了。就这样，用了一年多的功夫，他的知识比以前丰富多了。公元前 334 年，他到六国去游说，宣传“合纵”的主张，结果成功了。第二年，六国诸侯订立了合纵的联盟。苏秦挂了六国的相印，成了显赫的人物。

如囊萤，如映雪。家虽贫，学不缀。

《三字经》里这句话说的是晋代车胤的故事。晋代的时候，车胤从小好学不倦，但因家境贫困，父亲无法为他提供良好的学习环境。为了维持温饱，没有多余的钱买灯油供他晚上读书。夏天的一个晚上，他正在院子里背一篇文章，忽然看见许多萤火虫在低空中飞舞。一闪一闪的光点，在黑暗中显得有些耀眼。他想，如果把许多萤火虫集中在一起，不就成为一盏灯了吗？于是，他去找了一只白绢口袋，随即抓了几十只萤火虫放在里面，再扎住袋口，把它吊起来。虽然不怎么明亮，但可勉强用来看书了。从此，只要有萤火虫，他就去抓来当作灯用。由于他勤学苦练，后来终于做了职位很高的官。而同朝代的孙康情况也是如此。由于没钱买灯油，晚上不能看书，只能早早睡觉。他觉得让时间这样白白跑掉，非常可惜。一天半夜，他从睡梦中醒来，把头侧向窗户时，发现窗缝里透进一丝光亮。原来，那是大雪映出来的，可以利用它来看书。于是他倦意顿失，立即穿好衣服，取出书籍，来到屋外。宽阔的大地上映出的雪光，比屋里要亮多了。孙康不顾寒冷，立即看起书来，手脚冻僵了，就起身跑一跑，同时搓搓手指。此后，每逢有雪的晚上，他就不放过这个好机会，孜孜不倦地读书。这种苦学的精神，

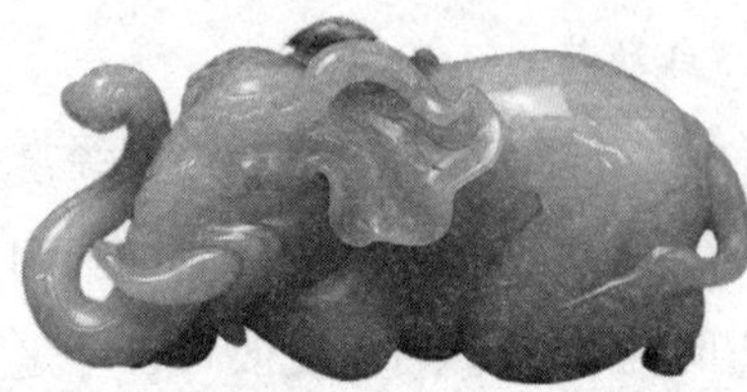

促使他的学识突飞猛进，最后他也成为了国家的栋梁之才。

如负薪，如挂角。身虽劳，犹苦卓。

汉朝时候的朱买臣，小时候家里很穷，为了维持生活，他每天都得上山砍柴，没有时间读书。但是他好学不倦，常常背着柴一边走，一边看书。

隋朝有一个叫李密的人，小时候给人家放牛。每天出去都要带几本书挂在牛角上，趁牛吃草的时候，他就坐在草地上用心读书。

苏老泉，二十七。始发愤，读书籍。

这句讲的是宋朝人苏洵（1009–1066年，字明允，号老泉）27岁时才发奋读书，后来成为文学大家的例子。苏洵年轻的时候，一点儿也不愿意念书，成天东游西逛，无所事事，一直到了27岁，他才安下心来读书。他有点小聪明，自认为文章写得很不错，可是连秀才都没有考上，且屡试不中。他回到家里，把自己的文稿翻出来就一把火全烧了，然后闭门苦读，手不释卷，学问于是大有长进。在苦读中，苏老泉又选择另一条出仕之路，那就是潜下心来，精研古籍，写出了许多带有真知灼见的策论文章，寄希望于当道者的赏识，进而得到推荐、提拔、重用。这一年，他带着两个天才儿子进京赶考，同时也希望这一次自己也能在京城有所收获。临行前，他特地去拜访了时任四川的行政长官张方平，张方平很看重他，为其写了几封推荐信。当年苏老泉就是这样怀揣着张方平的推荐信和自己的梦想上路的。这一次京师之行，不但两个儿子都考中了，自己的文章也得到了大人物韩琦、欧阳修的激赏。

从这个故事中我们可以懂得，只要想学习，不论年龄多大都是为时未晚的。青少年更应该珍惜时间，从现在做起。

若梁灏，八十二。对大廷，魁多士。

宋朝的梁灏82岁的时候才考中状元，在殿上答复皇帝的问题时，对答如流，成为所有读书人的魁首。他这么一大把年纪了，仍然完成自己的志向，让大家都觉得很惊讶。梁灏从小就喜欢读书，青年时就中了解元。他教子成功，儿子中了状元，可说是一门五福。梁灏中状元后很高兴，作了一首谢恩诗，内容是说：我自天福三年就参加考试，直到雍熙二年才成名，管他头发都白了，我心中只欢喜终于平步青云。当我看榜的时候，已经没有跟我同辈的朋友了，回到家中也只有子孙来相迎。大家都知道，年少登科很好，有谁想到龙头竟是我这个老头？

由此可知，一旦立下志愿，而且努力不懈，终会成功的。梁灏表现了“活到老，学到老”的精神，他这种毅力，真值得我们每个人学习。

二、《百家姓》

当我们第一次与他人接触，想要深入了解对方的时候，都会先问一句：“请问您贵姓？”这也算是我们中华民族的传统习俗之一。大家都知道自己姓什么叫什么，但是想进一步对自己的姓氏寻根探源的话，那就需要读读《百家姓》了。还有大家众所周知而且经常使用的“老百姓”这个词语出何处呢？为什么在这众多的姓氏里，唯独“赵”这个姓氏是第一个？想要回答这些问题，只有读过《百家姓》才能够找出其中的来龙去脉。

早在五千多年以前，中国就已经形成了姓氏，并且逐渐发展扩大，世世代代延续。百家姓中有七成姓来源于洛阳偃师。“姓氏”在现代汉语中是一个词，但是在秦汉以前，姓和氏有着明显的区别。“姓”源于母系社会，同一个姓表示同一个母系的血缘关系。中国最早的姓，大都是“女”字旁的，如：“姬”“姜”“姚”“嬴”等，表示这是一些不同的老祖母传下的氏族人群。而“氏”的产生则在姓之后，是按父系来标识血缘关系的结果，这只能在父权家长制确立时才有可能。《国语·晋语》记载：“昔少典娶于有蟜氏，生黄帝、炎帝。黄帝以姬水成，炎帝以姜水成。成而异德，故黄帝为姬，炎帝为姜，二帝用师以相济也，异德之故也。”这就是说，当我们读到“黄帝，轩辕氏，姬姓”，以及“炎帝，列山氏，姜姓”的时候，可以了解，中华民族共同始祖炎黄二帝原分属两个按母系血缘关系组织起来的部落或部落联盟，一个姓姜，一个姓姬，而他们又分别拥有表示自己父权家长制首领的氏称列山，轩辕。姓和氏有严格区别又同时使用的做法表明，母权制已让位于父权制，但母系社会的影响还存在，这种影响一直到春秋战国以后才逐渐消亡。

《百家姓》有一千多年的历史，据相关资料考证，《百家姓》成书于北宋初年，是由一个钱塘书生编写而成的，问世之后就被广泛地应用于蒙馆了。它是我国文学历史上作为儿童启蒙读物较为悠久且广为流传的一部私塾教材，对于我国儿童识字明理发挥着不可忽视的重要实用作用。虽然它不是文学艺术作品，也不是什么学

术著作，但是它对于儿童学习的影响之深还是明显可见的。全书按照一定的韵律排列，合辙押韵，读起来朗朗上口，便于记忆。除此之外，作者在编辑的时候收集了很多资料，寻根探源，使其具有了深厚的文化意蕴，这也是为什么《百家姓》能流传至今而经久不衰的原因。《百家姓》原来收录姓氏四百四十一个，后来陆续增补到五百零四个。迄今为止一共收录单姓四百四十四个，复姓六十个。选录的姓氏之中，汉族的姓氏收得较多，有的单字姓，和复姓一样，是汉族以外的兄弟民族的姓氏；这里面还有若干的姓氏是一个以上的民族共用的。因此可以说，《百家姓》实际上就是蕴含着一部中华民族大融汇、大亲和的历史！字里行间，跳动着我们这个多民族大家庭的强劲脉搏！

《百家姓》以“赵”姓打头，并非因为“赵”为天下第一大姓，而是因为它是宋代钱塘儒生所作，宋代的皇帝是赵氏，“赵”也就自然成为“天下第一姓”了，如果不排在首位，就有“欺君之罪”的嫌疑，会引祸上身。而当时吴越王的后裔居住在浙江，所以，“钱”姓便排列第二，钱的妃子姓孙，借钱氏之威势，“孙”又排在第三位了。“李”姓排在第四，大约是因为南唐皇族为李氏的缘故。

十六种“百家姓”的源出：

第一种：以祖先名字中的字为姓氏

年：春秋时，周灵王有子叫“王子年夫”（“年夫”应该是他的名字，“王子”则是表明其身份的，如“公子”、“公孙”），后来年夫的后人以其名中的“年”字为姓氏。

牛：西周宋征子之后有任司寇的牛文。牛文之后以其中的字“牛”为姓氏。

鱼：系出于姓。春秋时，宋襄公的弟弟为“司马子鱼”（司马是官职，子鱼为其字）。其后人以其字中的“鱼”为姓氏。

井：春秋时，虞国有位大夫叫井伯。井伯之后以其字“井”为姓氏。

牧：上古时代，黄帝以“力牧”为相。力牧的后人以其字“牧”为姓氏。

终：上古时的祝融有个弟弟叫吴回（后也称祝融氏），他的儿子为“陆终”。陆终后代支系中，有的以其先祖名的“终”字为姓氏。

常：上古时，黄帝曾以“常先”为相。常先的后人以其字“常”为姓氏。

孔：出于子姓。周武王封商朝的微子于宋，微子死后由其弟仲衍继承封地。仲衍之后有弗父何。弗父何的玄孙名嘉，字孔父。孔父的儿子木金父就以父字中的“孔”为姓氏，在鲁国定居。

廉：颛顼的曾孙名廉，其后人以祖字中的“廉”为姓氏。

乐：出于子姓。宋戴公的儿子公子衎字乐父，其后人以祖上“乐父”中的“乐”字为姓氏。

皮：周有大夫樊仲皮，其后人以其祖上名字中的“皮”字为姓氏。

高：出于姜姓。齐文公有子公子高。其后人以“公子高”中的“高”字为姓氏。

第二种：以祖先的图腾崇拜物为姓氏

有些专家、学者认为，我国的百家姓，有些是由图腾演变而来的，如：熊、马、牛、羊、龙、凤、山、水、花、叶等，但只是一些推测。由于年代久远，史前无据可考，到底哪些姓氏源于图腾崇拜，已不得而知。因为当今的“熊”“马”“牛”“龙”“花”等姓氏，于史书收集传说中均可查出源出，但与图腾并没有什么联系。相传黄帝与蚩尤大战于涿鹿之野，曾率领“熊、罴、貅、貙、虎”等与其作战。而这些“熊、罴、貅、貙、虎”等可能就是图腾氏族的名号。但这些氏族的名号究竟有哪些传递下来，成为其后裔的姓氏，已经很难寻得蛛丝马迹了。

相传炎帝（神农氏）是少典之子，因其生长在姜水渭河支流之滨，所以得姓为姜；而黄帝（轩辕氏）是少典另一子，因为他生长在姬水之滨，所以得姓姬。但又有传说认为姜和羌虽同韵而不同声，但音特别相近，且两字都有“羊”字头，一个从羊从女，一个从羊从人。从“羌”字的组成看，羌即“羊人”。上古时代晚期，羌族居住在我国的北部，其部族或氏族的图腾可能是羊。而姜族则是羌族的一支，或许因为语音的误差而化“羌”为“姜”，或许是母系氏族的母权影响，羊下之“人”，化作了羊下之“女”。炎帝以“姜”为姓，不是偶然，炎帝恰恰是古羌族支系氏族部落的首领。以炎帝、黄帝为首的原居于陕、甘、青一带的古羌戎部族的一支，在东进中原的过程中，与东夷等部族融

合，成为汉族的前身华夏族。

第三种：以封地名和国名为姓氏

宋：出自子姓。据《唐书·宰相世系表》所载，公元前10世纪，周公平定了武康叛乱之后，商纣王的庶兄微子启受封于宋国，建都商丘（河南省商丘县南）。公元前286年，宋国被齐国所灭，其子孙以原国名“宋”为姓氏。

赵：伯益后裔造父，拉驯马驾车。周穆王常乘坐造父所驾的马车游巡各地，朝中有事，造父就以熟练的驾车技术及时将车马赶回。造父因驾车马有功，被周穆王封地于赵（今山西洪洞县北赵城），其后人便以“赵”为姓氏。

吴：出于姬姓。周武王封钟雍的曾孙于吴（江苏苏州一带），建立吴国。其后代以国名为姓氏。

郑：出于姬姓。周宣王封姬友于郑（今陕西华县东），建郑国。友的后代以“郑”为姓氏。

陈：周武王灭商之后，追封舜的后代妫满于陈（河南淮阳）。妫满死后被谥为陈胡公。其后代便以“陈”为姓氏。

卫：出于姬姓。周文王第九子康叔被封于卫，建卫国。康叔子孙以国名为姓氏。

蒋：出于姬姓。周公旦的儿子伯龄被封于蒋（河南固始县东北蒋集），建蒋国。其后以国名为姓氏。

沈：出于姬姓。周文王的儿子聃受封于沈（河南平舆县北），建沈国。其后以国名为姓氏。

韩：出于姬姓。周武王的小儿子受封于韩（山西河津县东北），后被晋国灭掉。桓叔的儿子万受封于韩。万的后代以“韩”为姓氏。

秦：出于嬴姓。伯益之后有嬴非子。非子擅育良马，周孝王以其育马之功封非子于秦谷（甘肃天水西南），为附庸国。非子的孙子秦仲因功被升为诸侯，秦统一天下，建立秦朝。秦灭亡之后，其子孙以“秦”为姓氏。

许：出于姜姓，神农氏后裔。周武王封文叔于许，建许国。其后以国名为姓氏。

吕：出于姜姓，神农氏后裔。怕夷在尧时任掌礼官，又辅佐大禹治水，因功受封于吕。其后以国名为姓氏。

戚：卫国大夫孙林父的封地为戚邑（河南濮阳市戚城）。孙林父的子孙以邑名为姓氏。

谢：周宣王封舅氏申侯于谢（河南唐县南），申侯子孙中有一支以其封地为姓氏。

邹：周代有曹氏封地于邾，战国被改国号为邹。其子孙中有一支以国号为姓氏。

柏：出于柏皇氏。柏皇氏中有柏招，为炎帝的师傅，又同时为帝喾的师傅。其子孙受封于柏（河南舞阳县东南）。其后以封地为姓氏。

章：出于姜姓。齐太公封其庶子于鄣（山东东平县东）。受封于鄣的齐太公庶子的后代，去邑为“章”称为章氏。

苏：颛顼后裔终的最小的儿子樊受封于昆吾，樊的庶子后代受封于苏（河南温县）。其后以国名为姓氏。

潘：周文王的第十五个儿子名高，受封于毕，称为毕公高。毕公高有庶子受封于潘。其后以封地为姓氏。

葛：出于嬴姓。颛顼之后，封于葛（河南宁陵县东北）。其后以封地为姓氏。

范：周宣王时有大夫杜伯，其子杜限到晋国，被任命为士师，后其曾孙士会为晋国的上卿，食采于范。自此，士会的子孙以范氏为姓。

彭：颛顼后裔陆终的第三个儿子钱铿受封于彭（江苏徐州），为大彭氏。后人以“彭”为姓氏。

鲁：出于姬姓。周公旦的儿子伯禽受封于鲁（山东曲阜一带），建鲁国。伯禽的子孙以国名为姓氏。

韦：出于豕韦氏。豕韦氏在夏代居于豕韦（河南滑县东南），为一路诸侯，建豕韦国，又称韦国。韦君后人以国名为姓氏。

苗：楚令尹斗之子贲皇亡命晋国，受封苗邑（河南济源县西南）。贲皇又名苗贲皇，其后人以“苗”为姓氏。

任：出于有熊氏。黄帝的儿子禺阳受封于任，禺阳以任建国，其后以国名为姓氏。

柳：鲁孝公有儿公子展，公子展的孙子无骇以祖父名为姓氏，称展无骇。展无骇的儿子叫展禽。展禽的封邑为柳下。他死后号为惠，所以又叫柳下惠。其后代取封地“柳下”第一个字为姓氏。

第四种：以职业或官职为姓氏

司徒：上古时代官名，传说尧、舜时已设，一直延续到秦汉。有以此官职为姓氏的，便是复姓“司徒”。

司空：据说为上古时所设官职，专管天下水木工程建设。帝尧时大禹的官职就是司空。大禹的子孙中，有人以此为姓氏。

司马：上古时所设官职，为军事长官。曾为官司马的人的后代，有的以此官为姓氏。

第五种：以山名、河名为姓氏

乔：出于有熊氏。黄帝死后，葬于桥山。黄帝的子孙中有守陵的人，就以陵山之名“桥”为姓氏，后人去木为“乔”。

姜：出于神农氏。炎帝神农氏居住在姜水（渭河支流之滨），因此以河名为姓氏。春秋时代的齐、申、吕、许等封国都是姜姓。

第六种：以住地的方位为姓氏

东郭：出于姜姓。郭，为古代时人们在城的外围加筑的一道城墙，东郭，为外城的东墙附近。齐桓公的后裔中有住在临淄城东外一带的，被称为东郭大夫。后人便以“东郭”为姓氏。

东门：出于姬姓。鲁庄公有子叫公子遂，字襄仲，家住曲阜城东门旁，人称东门襄仲。其后以“东门”为姓氏。

西门：春秋时，齐国和郑国都有公族大夫住在都城的西门附近，人称西门氏。有的后人便以“西门”为姓氏。

第七种：以谥号为姓氏

穆：出于子姓。春秋时有宋穆公，其子孙中有以其谥号“穆”为姓氏。

文：一出姬姓。商末，周族首领季历死后，其子姬昌即位，后被封为西伯。西伯死后，其子周武王即位，并完成灭商大业，建立周朝。武王追谥其父为周

文王。文王的庶子中有以其谥号为姓的。一出妫姓。齐威王之孙田文，号孟尝君。孟尝君避乱到魏国，死后谥号文子，其后人以其谥号“文”为姓氏。

康：周公旦之弟叔封地于卫，其死后谥号为“康”，因此又称卫康叔。卫康有庶子以其谥号为姓氏。

第八种：以部落的名称为姓氏

呼延：东晋时，匈奴呼延部进入中原。后来，其汉化后裔以原部落名称再加以汉化的“呼延”为姓氏。

慕容：三国时，鲜卑族首领莫护跋率族人迁居辽西，后在棘城以北（河北昌黎县境内）建国，莫护跋以“慕容”为自己部落的名称。后慕容部落的人便以“慕容”为姓氏。

宇文：鲜卑族呼天为“宇”，宇文为“天之子”之意，宇文氏为鲜卑部落。东晋时，宇文部落进据中原便以“宇文”为姓氏。

尉迟：尉迟部也是鲜卑族的一个部落，尉迟部的人后来以部落名为姓氏。

万俟：万俟本为鲜卑族部落名。东晋时，万俟部落进入中原，后以部落名为姓氏。

第九种：以出生时的异象为姓氏

武：周幽王之子出生时掌纹呈篆文“武”。由此，周平王被赐姓为武。

第十种：因避祸、避仇、避讳、避嫌所改的姓氏

桂：出于炅氏。汉代炅横有四个儿子。家中有难，四子逃避，其中一子避居到幽州。改姓为“桂”。

田：春秋时，陈厉公子陈完避祸外逃，不愿意以国名为姓氏，改姓为“田”。另明代燕王朱棣以讨黄子澄等为名起兵，推翻建文帝。黄子澄的后人因避祸而改姓“田”。

第十一种：帝王赐姓氏

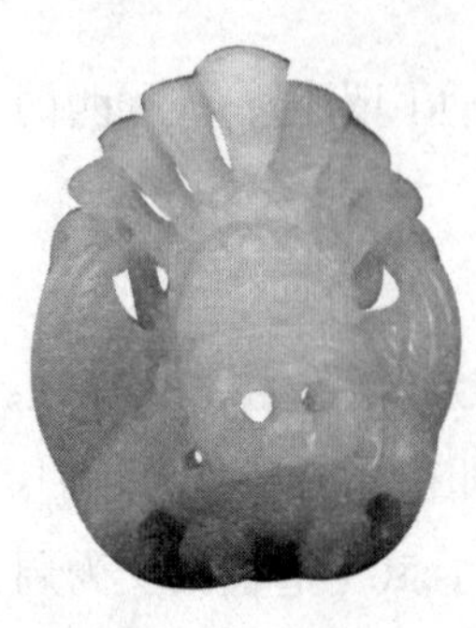

金：被尊为西方大帝的少昊，因五行说中的西方属金而称金天氏，其后人有以“金”为姓氏的。另汉武帝时，匈奴休屠王之子归顺汉朝，汉武帝赐其姓金，取名“金日磾”。

刘：出于陶庸氏。尧之后有刘累，到了周代成为唐杜氏。社隰在晋做官，为士师，又称士氏，后来又从士氏改为刘氏。另由于刘邦建立汉朝，刘姓成为中国的大姓。汉

高祖因项伯有昔日相助之功，便赐项伯改姓为“刘”。

郑：出于姬姓。周厉王的小儿子友封于郑，其后人有的以国名为姓。另明代太监马三宝有功，被永乐帝赐姓为郑，马三宝因此改姓换名为“郑和”。

第十二种：部分少数民族的姓氏

满族有穆昆组织，产生于姓氏社会，是构成满族社会的基层血缘组织。穆昆由一个或数个家庭组成。同一个穆昆中，只有一个姓氏；同宗的几个穆昆，则冠以几个汉姓。如乌雅氏的五个穆昆，分别以“吴”“穆”“包”“黄”“郜”为姓氏；

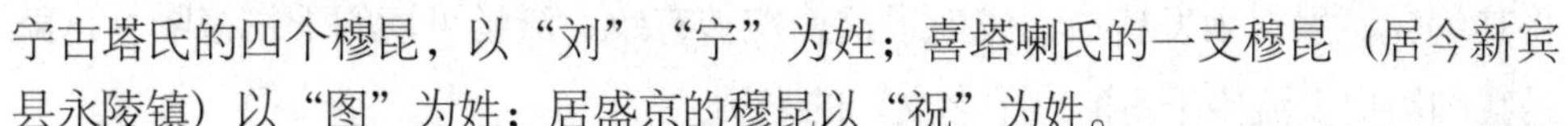

宁古塔氏的四个穆昆，以“刘”“宁”为姓；喜塔喇氏的一支穆昆（居今新宾县永陵镇）以“图”为姓；居盛京的穆昆以“祝”为姓。

第十三种：汉族人改为少数民族姓氏

辽、夏、金、元时代，汉族人改换为少数民族姓氏的为数也不少。

第十四种：少数民族改汉姓氏

元：春秋时，卫国大夫元亘之后以元为姓。另北魏孝文帝推行鲜卑族的汉化，令鲜卑族改穿汉服，改说汉话，并改换“拓跋氏”为“元氏”。

第十五种：以数量词、排行次序及天干地支为姓氏

万：出于姬姓。周文王的儿子毕公高有后叫毕万，毕万后代中有人以其祖先的名字中的“万”字为姓氏。

丙：又写作邴。春秋时，晋国大夫邴豫，受封于邴（河南成武县东）。其后以“邴”（丙）为姓氏。

第十六种：容易读错的姓氏

由于汉字有许多多音字及古音有变等，所以一些姓氏很容易被我们读错。如

万俟：音为 mò qí（莫其），常有人误读为“万寿”。

区：音为 ōu（欧），常有人误读为“区”（qū）。

黑：音为 hè（贺），常有人误读为“黑”（hēi）。

盖：音为 gě（葛），常有人误读为“盖”（gài）。

查：本是“检查、考查”的意思，读 chá，但作为姓氏要读 zhā。

教：作为姓氏时要读 jiào。

任：作为姓氏时读 rén。

曾：作为姓氏时读 zēng。

缪：作为姓氏时读 miào。

晟：作为姓氏时读 chéng。

三、《千字文》

《千字文》是流传甚广的中国传统蒙学读物，是南朝时期梁代学者周兴嗣所编。相传，梁武帝萧衍为了教儿子识字习书，让殷铁石从王羲之的书法作品中拓出一千个不同的字，然后把这些拓片交给大臣周兴嗣，要求他用拓出的这一千个字编成一篇用字既不重复，又成韵有内容的文章。周兴嗣用了一夜时间将其编完，累得须发皆白，成就了这篇婉转有致、流畅可读的千古绝唱。这就是我国历史上流传千古的《千字文》的来历。

《千字文》用不重复的一千个字，以四字韵语联缀成文，共二百五十句。其行文流畅，气势磅礴，辞藻华丽，内容涉及到自然、社会、历史、教育、伦理等多方面的知识。《千字文》诞生之后，尤其是宋以后，虽然儿童启蒙读物层出不穷，也各有所长，但它们的文采都无法与《千字文》相比。隋唐以来，《千字文》大为流行，背诵《千字文》被视为识字教育的捷径。民国建立之前，这是 6 岁孩子入私塾后必读的课本。《千字文》在我国的传播可谓家喻户晓、深入人心。唐宋以后，《千字文》还被译成满、蒙等文字，供满、蒙等民族的儿童识字用，并流传到日、英、法等国。

总体看，《千字文》可以分为四个部分。

第一部分从开天辟地说起，从“天地玄黄，宇宙洪荒”到“化被草木，赖及万方”。主要讲天上运转的日月星辰以及四季气节更替，金银珠宝以及珍果美食，三皇五帝以及商汤、周武。通过宣扬天地之大、物产之盛、人君之贤明来阐明天、地、人之道。

天地玄黄　宇宙洪荒　日月盈昃　辰宿列张　寒来暑往　秋收冬藏

闰馀成岁　律吕调阳　云腾致雨　露结为霜　金生丽水　玉出昆冈

剑号巨阙　珠称夜光　果珍李柰　菜重芥姜　海咸河淡　鳞潜羽翔

龙师火帝　鸟官人皇　始制文字　乃服衣裳　推位让国　有虞陶唐

吊民伐罪　周发殷汤　坐朝问道　垂拱平章　爱育黎首　臣伏戎羌

遐迩一体　率宾归王　鸣凤在竹　白驹食场　化被草木　赖及万方

第二部分重在讲述人的修养准则和原则，也就是修身，即“仁、义、礼、智、信”五种封建道德教条，文中指出人要孝敬，要珍惜父母传给的身体，“恭惟鞠养，岂敢毁伤”。做人要“知过必改”，讲信用，保持纯真本色，树立良好的形象和信誉。接着对忠孝和人的言谈举止、交友等方面进行了深入的阐述。这部分是从“盖此身发，四大五常”到“坚持雅操，好爵自縻”。

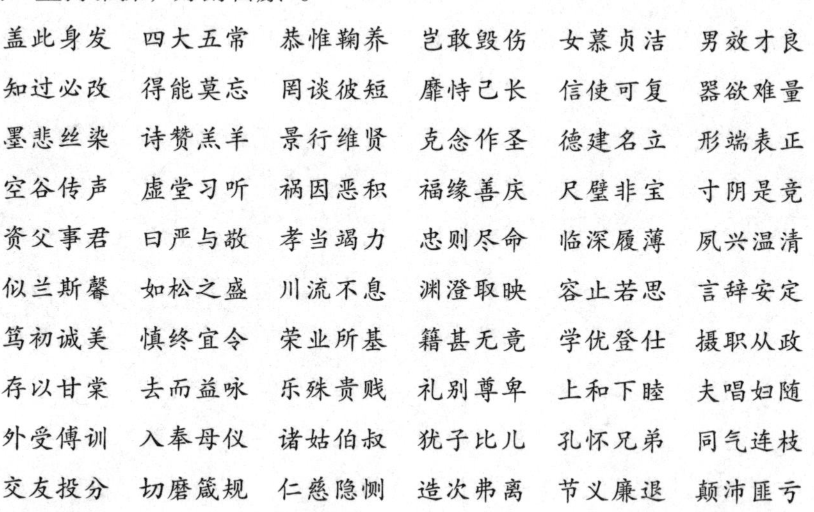

盖此身发　四大五常　恭惟鞠养　岂敢毁伤　女慕贞洁　男效才良

知过必改　得能莫忘　罔谈彼短　靡恃己长　信使可复　器欲难量

墨悲丝染　诗赞羔羊　景行维贤　克念作圣　德建名立　形端表正

空谷传声　虚堂习听　祸因恶积　福缘善庆　尺璧非宝　寸阴是竞

资父事君　曰严与敬　孝当竭力　忠则尽命　临深履薄　夙兴温凊

似兰斯馨　如松之盛　川流不息　渊澄取映　容止若思　言辞安定

笃初诚美　慎终宜令　荣业所基　籍甚无竟　学优登仕　摄职从政

存以甘棠　去而益咏　乐殊贵贱　礼别尊卑　上和下睦　夫唱妇随

外受傅训　入奉母仪　诸姑伯叔　犹子比儿　孔怀兄弟　同气连枝

交友投分　切磨箴规　仁慈隐恻　造次弗离　节义廉退　颠沛匪亏

性静情逸　心动神疲　守真志满　逐物意移　坚持雅操　好爵自縻

第三部分从“都邑华夏，东西二京”到“旷远绵邈，岩岫杳冥”。讲述与统治有关的各个方面。这个部分首先描述了京城，极力地描绘了都邑的壮丽。宣扬了华夏历史之悠久，文明之灿烂，疆域之辽阔，叙述了上层社会的豪华生活和他们的文治武功。

都邑华夏　东西二京　背邙面洛　浮渭据泾　宫殿盘郁　楼观飞惊

图写禽兽　画彩仙灵　丙舍傍启　甲帐对楹　肆筵设席　鼓瑟吹笙

升阶纳陛　弁转疑星　右通广内　左达承明　既集坟典　亦聚群英

杜稿钟隶　漆书壁经　府罗将相　路侠槐卿　户封八县　家给千兵

高冠陪辇　驱毂振缨　世禄侈富　车驾肥轻　策功茂实　勒碑刻铭

磻溪伊尹　佐时阿衡　奄宅曲阜　微旦孰营　桓公匡合　济弱扶倾

绮回汉惠　说感武丁　俊乂密勿　多士寔宁　晋楚更霸　赵魏困横

假途灭虢　践土会盟　何遵约法　韩弊烦刑　起翦颇牧　用军最精

宣威沙漠　驰誉丹青　九州禹迹　百郡秦并　岳宗泰岱　禅主云亭

雁门紫塞　鸡田赤城　昆池碣石　巨野洞庭　旷远绵邈　岩岫杳冥

第四部分主要讲了饮食之节，寝处之安，祭祀之礼，应酬之方，人情之宜等等，描述了恬淡的田园生活，赞美了那些甘于寂寞、不为名利羁绊的人们对民间温情的向往。

治本于农　务兹稼穑　俶载南亩　我艺黍稷　税熟贡新　劝赏黜陟

孟轲敦素　史鱼秉直　庶几中庸　劳谦谨敕　聆音察理　鉴貌辨色

贻厥嘉猷　勉其祗植　省躬讥诫　宠增抗极　殆辱近耻　林皋幸即

两疏见机　解组谁逼　索居闲处　沉默寂寥　求古寻论　散虑逍遥

欣奏累遣　戚谢欢招　渠荷的历　园莽抽条　枇杷晚翠　梧桐蚤凋

陈根委翳　落叶飘摇　游鹍独运　凌摩绛霄　耽读玩市　寓目囊箱

易輶攸畏　属耳垣墙　具膳餐饭　适口充肠　饱饫烹宰　饥厌糟糠

亲戚故旧　老少异粮　妾御绩纺　侍巾帷房　纨扇圆洁　银烛炜煌

昼眠夕寐　蓝笋象床　弦歌酒宴　接杯举觞　矫手顿足　悦豫且康

嫡后嗣续　祭祀烝尝　稽颡再拜　悚惧恐惶　笺牒简要　顾答审详

骸垢想浴　执热愿凉　驴骡犊特　骇跃超骧　诛斩贼盗　捕获叛亡

布射僚丸　嵇琴阮啸　恬笔伦纸　钧巧任钓　释纷利俗　并皆佳妙

毛施淑姿　工颦妍笑　年矢每催　曦晖朗曜　璇玑悬斡　晦魄环照

指薪修祜　永绥吉劭　矩步引领　俯仰廊庙　束带矜庄　徘徊瞻眺

孤陋寡闻　愚蒙等诮　谓语助者　焉哉乎也

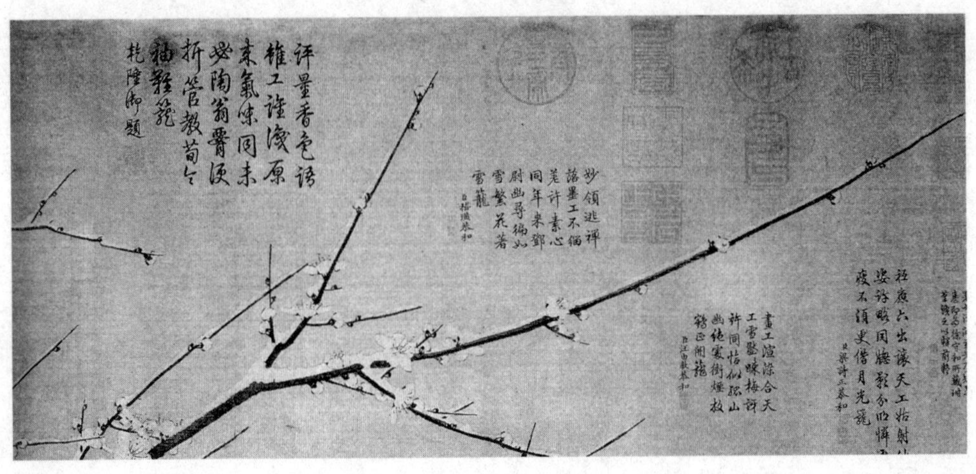

四、《弟子规》

作为旧时中国人最普遍的“育儿范文”，毫无疑问，“三、百、千”在所有蒙学书中是最流行的读本。然而在它们之后，能与其媲美的蒙学书，首当其冲的应该就是李毓秀编写的《弟子规》了，它是学童们的生活规范，依据至圣先师孔子的教诲编写而成，教导学生为人处世的准则，做到与经典同行为友。《弟子规》原名《训蒙文》，作者是清朝康熙年间的秀才李毓秀（1662—1722年）。后来清朝贾存仁修订改编并改名《弟子规》，是启蒙养正，教育子弟敦伦尽份防邪存诚，养成忠厚家风的最佳读物。

这本书一共分为五个部分，第一部分为总序。全文以“弟子规，圣人训，首孝悌，次谨信，泛爱众，而亲仁，有余力，则学文”作为总序，概述了全书的内容，表达了圣人对学生的训示：首先要孝敬父母，尊敬兄长，其次要对自己谨慎约束，对人诚实可信。博爱民众，并亲近有德行的人。做好了这些如果还有余力，就去学习文化知识。具体列述弟子在家、出外、待人、接物与学习上应该遵守的守则规范。

第二部分是“入则孝出则悌”，这部分主要分为两个方面——“入则孝”和“出则悌”。前一个方面是说在家的时候，我们要孝敬父母、尊重父母。孝悌是中华民族的传统美德，俗话说“百善孝为先”，如果一个人能够孝顺自己的父母，就表明他有一颗善良仁慈的心，有了这份仁心，就可以为国家、社会以及自己身边的朋友做很多有益的事情。比如：在家中，听到父母叫我们的时候，应该立刻回答；如果我们犯了错，父母责备我们，就应当顺从并且承担过失；外出时，要告诉父母到哪里去，让他们感到心安；父母生病了，子女应该侍奉在父母身边，不可随意离父母太远等等。人生在世，父母与我们最亲，给我们的恩情也最重，所以我们更应该努力学习侍奉父母的礼节，使他们享受天伦之

乐。而另一方面，“出则悌”说的则是家中兄弟姐妹的相处之道以及和长辈们在一起应该如何相处的规矩。比如：少计较一些身外的钱财物品，这样兄弟之间就不会产生怨恨了；讲话的时候不要太冲动，如果能尽量少说或不说伤感情的话，那么不必要的冲突怨恨也会避免的。对于孩子，不要因为大人的宠爱而忽略了需要从小培养礼让的美德——在吃东西的时候，要请长辈先用；如果和长辈一起坐，要请长辈先坐；如果和长辈一起走，应让长辈先走。对待叔叔伯伯，也要像对待自己的父亲一样恭敬，对待同族兄长，要像对待自己的胞兄一样友爱。

第三部分的“谨而信”，“谨”介绍的是在日常生活中要做到的事情以及待人接物的一般礼貌常识。首先早上要尽量早起，晚上要晚点睡觉，因为人生的岁月很有限，光阴容易消逝，所以我们要珍惜现在宝贵的时光；出门的时候要仪容整齐，不可给人留下邋遢的印象；对于食物不要挑剔，更不该尝试喝酒；做事不要匆匆忙忙，匆忙就容易出错；遇到该办的事情不要怕困难，也不要轻率随便而敷衍了事等等。这些平常语言行为的要则，让我们即知即行，掌握自己，这样我们在处事的时候才能更有效率，人与人的相处才能更融洽。而“信”，主要是让孩子们学会如何诚实守信，如何成为一个一诺千金、正直的人。比如：没有看到事情的真相，就不要轻易地发表意见；对于事情了解的不够清楚，就不要轻易地传播出去；看见他人的优点行为，要虚心地向他人学习。如果看见他人有错误的行为，心里要先反省自己，如果也犯了同样的过错，就立刻改掉，如果没有就要引以为戒。犯错误了就要敢于面对、马上承认并改正。

第四部分“泛爱众而亲仁”主要是说在自己具备了良好的道德修养之外对于大众还要有关怀爱护的心。这种爱是大爱，是充满了一片仁慈之心，不为名利毫无虚假的爱。品行高尚的人，名声自然高，人们所敬重的是这个人的德行，并不是外貌或者其他。自己有能力做的事情，不自私保守；看到别人有才华，就多加赞美肯定，不因为嫉妒而贬低别人；对富有的人不谄媚求荣，而对贫穷的人也不表现出骄傲自大的样子；他人对我有恩

惠，应时时想着回报他；如果不小心和人结了怨仇，应求他人谅解，及早忘掉仇恨。至于文中的“亲仁”主要就是说教育大家亲近道德修养高而且仁慈善良的人。真正的仁者，大家都会自然而然地敬畏他、尊重他。因为真正的仁者说话从不会故意地隐讳、扭曲事实，也不会故意向人谄媚求好。如果我们在日常生活中能够亲近仁者，向他学习，我们就会学到很多的优点，无形之中也提升了自己的品德。这是何乐而不为的事情啊！

最后一部分是“行有余力，则以学文”。也就是说对于“孝、悌、谨、信、泛爱众、亲仁”这些都做好了并且仍然有余力，那就应该学习知识了。读书的方法很重要，要注重“三到”，即“心到”“眼到”“口到”。读书时正在读这一段，就不要想到其他段落；这段还未读完读通，就不要因为没有兴趣而失去了好奇心，跳到另一段。这样东翻西阅，是收不到任何效果的。读书时要有规范，读一本书或做一门功课，要有比较宽裕的期限，但是不能因为时间多，就等期限快到了才开始，否则会欲速则不达的。遇到滞塞难通的地方，更要专心研究，正所谓“书读千遍，其意自见”。不要自以为是、狂妄自大，也不要自甘堕落、放弃自己，圣贤的境界虽高，但只要按部就班，循序渐进，人人都可到达。

以上是《弟子规》的简要介绍。从开篇的“总序”就可以看出来，这是一本宣扬封建伦理道德、由始至终都把“孝”“悌”“信”“义”贯穿其中的启蒙读物。如果我们在阅读的时候用今天的理念和观点去评判的话，难免会“失之毫厘，差以千里”的。所以在阅读的时候，我们要去其糟粕，取其精华，辨证地选择和分析。

五、《朱子家训》

《朱子家训》是“经典诵读口袋书”的一种，又名《朱子治家格言》《朱柏庐治家格言》，是一本以家庭道德为主的启蒙教材。作者朱柏庐（1617-1688年），名用纯，字致一，自号柏庐。江苏省昆山县人，自幼致力于读书，想考取秀才并立志于仕途。清入关明朝灭亡之后就不再求取功名，居乡教授学生并潜心研究程朱理学，主张知行并进，一时颇负盛名。康熙曾多次征召，但是都被拒绝。著有《删补易经蒙引》《四书讲义》《劝言》《耻耕堂诗文集》和《愧讷集》。《朱子家训》通篇意在劝人要勤俭持家、安分守己。从中我们可以看到，我们的先辈是如何注重家教、言传，注重道德教育的培养。旧时的中国文人，把“立德、立言、立功”作为人生信条，以“修身、治国、平天下”为人生的最高修养。在我们的祖先看来，一个能够担当大事的人，一方面必然是能够处理好一切身边小事的人；另一方面，在心性上、行为上、思想上，也能够不断砥砺自己，使之更符合“贤者”“圣人”的标准。《朱子家训》作为当时“家训”的范本，对旧时中国孩子的启蒙意义和价值也正在于此，这也是为什么这本小册子能够长期流传、历久不衰的原因。另外，它以精练的语言和短小的篇幅传授给孩子们丰富的知识。在较好地解决了儿童识字问题的同时，又能在知识方面给予儿童一定的满足。不论是在天文地理、社会家庭还是历代的治乱兴衰、为人处世的方法原则等方面，都有所涉及。其次，它以平易的文字，阐述了丰富深刻的人生哲理。既有训诫孩子谨慎持身的内容，也有论述待人接物时应当具有的热情宽厚的做人态度，还有提醒孩子在交朋友时要谨防小人和坏人，珍视乡邻情谊等诸多内容。书中讲述了中国几千年形成的道德教育思想，以名言警句的形式表达出来，既适合于口头传训，也可以写成对联条幅挂在大门、厅堂和居室，作为治理家庭和教育子女的座右铭。因此，很为官

宦、士绅和书香门第所喜爱。自从问世以来流传甚广，被历代士大夫尊为“治家之经”，清至民国年间一度成为童蒙必读课本之一。《朱子家训》仅五百二十二字，精辟地阐明了修身治家之道，是一篇家教名著。其中，许多内容传承了中国传统文化的优秀特点，比如尊敬师长、勤俭持家、邻里和睦等，在今天仍然有现实意义，当然其中封建性的糟粕，如对女性的某种偏见、迷信报应、自得守旧等是那个时代的历史局限，我们在今天重温的时候要去其糟粕，真正做到拿来即为我所用。

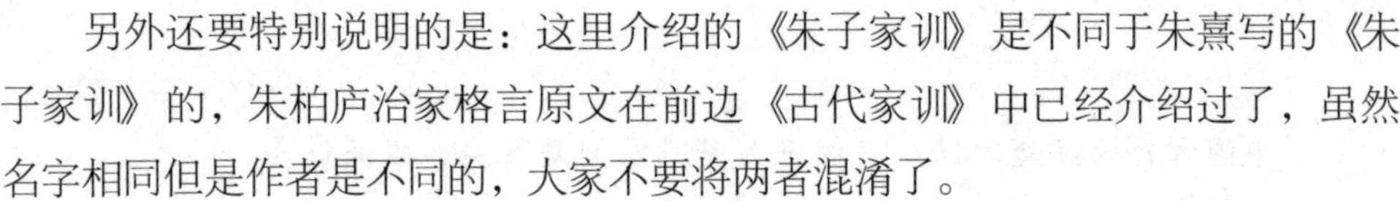

另外还要特别说明的是：这里介绍的《朱子家训》是不同于朱熹写的《朱子家训》的，朱柏庐治家格言原文在前边《古代家训》中已经介绍过了，虽然名字相同但是作者是不同的，大家不要将两者混淆了。

中国古代家庭教育

中国古代长期处于以小农经济为基础的封建社会，家庭既是全家人共同生活的组织，也是一个从事生产的单位，因此古代的思想家、政治家都把“家”视为社会的基层组织，家庭教育也伴随着家庭的诞生而产生。中国古代由于学校教育不够发达，教育对象也多限于官僚贵族子弟，在这种情况下，作为学校教育补充的家庭教育，在我国古代教育史上占有很重要的地位。

一、教育子女宜早

对孩子进行早期教育，这在我国是有着悠久历史传统的。在古代家庭教育中，就存在着对孩子进行早期教育这种教育观念，古代家庭里的长辈认为，“望”不如“教”，所以主张及早对孩子实施教育。

为什么要对孩子进行早期教育呢？北齐时期的学者颜之推说：“人生幼小，精神专利，长成之后，思想散逸。”意思是说，人在小的时候受教育有利于培养他们的性格，长大以后，他们的思想散漫了，不容易形成好的品格。因此，对他们要“固须早教，勿失机也”，也就是要进行早期教育。这位颜老先生的话不是随便说的，而是从切身经历中总结出的。他出生于东晋官宦世家，家庭教育本来是很严的，可由于早年丧父，只得靠哥哥抚养。他的哥哥有爱弟之心，但缺少教育之法，以至于颜之推在少年的时候，受到社会上不良习气的熏染，滋长了不少坏毛病。到了十八九岁，他才渐渐觉悟，深深感到自己的坏习气是从小缺乏良好家庭教育造成的。颜之推回顾了自己的成长历程，觉得孔夫子讲的“少成若天性，习惯如自然”是很有道理的，明确了教育子女必须从小抓起，早教比晚教效果好。为此，他写了一本二十卷的《颜氏家训》用以教育子女。

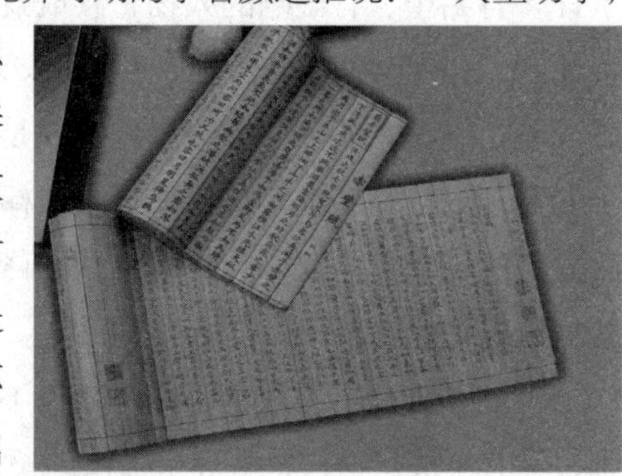

颜之推的这种早期教育观点，为后代许多著名学者所推崇和发展。北宋中期的程颐提出了“以豫为先”的原则，主张在孩子幼小的时候，就通过严格的家庭教育来为以后的成长奠定良好的基础。宋代的另一位教育家张载认为，要想教育好孩子，必须从婴儿抓起。南宋时期的朱熹也主张早期教育，他说：“必使讲而习之幼稚之时，欲其习与智长，化与心成，而无扞格不胜之患。”用我们现在的话来说，就是对孩子务必从小教育，否则，当他长大成人，养成了坏的习性后，就难以改变了。

那么，早期教育早到什么程度呢？大多数人主张适时而教，“适时”，《学

记》上的解释是“当其可之谓时”。就是说，当儿童进入略有所知的时期开始进行教育和训练。颜之推认为，从孩子生下来后，到能认人辨物，会看人脸色，懂喜怒哀乐的表情，就要开始有意识的教育。《礼记·内则篇》上说，“子能食食，教以右手，能言，男唯女俞”，“六年教之数与方名”。意思是孩子会吃饭时教他用右手拿筷子等餐具，会说话时，男孩要教他发雄壮有力的直声，女孩则教她发温柔婉转的语声，6 岁的时候，要给孩子教数数和方位的名称。看来，他们都倾向于从孩子会吃东西和牙牙学语的时候开始进行教育。事实上，历史上许多有名望、有影响的人物，其成就往往与其小时候所受到的家庭教育是分不开的。北宋时期的欧阳修，4 岁时父亲就去世了，家境贫寒，生活难以维持，更谈不上进学堂了。他的母亲郑氏，是个有学识的妇人，立志守节，当自己儿子的老师。没钱买纸笔，她便折来柴棒，在地上画字，让儿子跟着学。这便是后人说的“欧母画荻”的故事。欧阳修当了官以后，很有作为，其重要的原因就是母亲对他的教育抓得早。

当然，强调早期教育，并不是说不考虑儿童的心理、体质、特性，一味教训，促其早成。这样，就等于拔苗助长，欲速则不达。古人认为对孩子的教育，特别是智力教育，起步要早，但应该循序渐进，由浅入深，持之以恒，而不能操之过急，急于求成。明代教育家王守仁认为孩子幼小时性格活泼好动，不能管得太死，就像刚萌芽的小树苗和花草一样，不受压制和阻挠才生长得快。因此，教育孩子只能从儿童的性格特点出发，启发兴趣，因势利导，而不能强制。

清代乾隆年间的钟令嘉，就很会对孩子进行早期教育。这位出身于南昌一个书香之家的女性，18 岁时嫁给一个叫蒋坚的读书人，两年之后生了一个儿子，取名叫蒋士铨。蒋坚是个仗义疏财、挥金如土的人，不几年便把家产折腾了个精光。没办法，他到山西、河北一带谋生计，将钟氏母子寄食到老丈人家中。蒋士铨开始牙牙学语时，他的母亲就开始对他进行简单的形象教育，教儿子辨别物体的大小多少。4 岁时教给他“四书”中的句子。孩子小，不会握笔写字，她便想了个绝妙的办法，把竹子用刀削成细条，做成一撇、一点、一捺、一横等形状，然后用它们组合成各种字，她抱着儿子在膝上辨认，一个字认会

了，便拆开，再组合成另一个字，每天教认十个字。到了第二天，让孩子自己学着用竹条组合第一天教的字，直到会组合能认识才算数。孩子长到 6 岁时，她便改变了这种教法，让他自己用笔书写。

当时，蒋士铨的外祖父家经历了大灾荒，生活艰难，钟氏便自己纺线织布，给儿子及家里的用人做衣服。同时还做一些刺绣品，让人拿到街上去卖，换钱买纸笔和生活用品。她白天纺线时，把书放在膝盖上，让儿子坐在膝边读书。她一边手摇纺线，一边读句子、文章，纺车的嗡嗡声和儿子琅琅的读书声交织在一起。蒋士铨长到 9 岁时，钟氏又开始教给他《礼记》《周易》《毛诗》等儒家经典以及唐宋诗词。后来她累病了，蒋士铨边煎药边问母亲：“娘，怎样才能为你解忧呢?”她回答：“儿子能不能将所学的书背诵给娘听啊?”蒋士铨说：“可以。”于是，他便背了起来。钟氏开心地笑了，说：“我觉得病减轻了许多!”就这样，蒋士铨在 10 岁时，已博古通今，22 岁中举。可作为母亲的钟氏却没有放松对儿子的教育。在蒋士铨成家后，还训诫他“以勤为习，不能荒于嬉”，并经常对儿子讲待人处事要刚正不阿、清廉公正的道理，看到儿子有一点小毛病也不放过。她的姐姐曾为此问道：“妹妹啊，你就这么一个儿子，为何督促得那么紧，管得这么严呢?”她说：“正因为只有这么一个，才越要教其成器，要不，长大怎么能走上正道呢?”蒋士铨不负母教，于乾隆二十二年中进士，入翰林，任编修之职，后成为清代有名的文学家，诗、词、文章都很有名，与当时的袁枚、赵翼并称“江右三大家”。

这位以“鸣机夜课”教育儿子出名的钟夫人，用现在的眼光看，固然没有摆脱“读书做官”的封建传统观念，但就从教育子女的角度看，至少有几点值得肯定：一是抓得早；二是方法对，针对幼儿特点，循序渐进，由浅入深；三是持之以恒，从不间断，一抓到底。

二、严是爱，宠是害

在家庭中对孩子进行教育，既要尽早开始，又要从严要求。“严是爱，宠是害”，这是人们在长期的社会生活中总结出来的一条宝贵经验。对孩子进行严格的教育其实也是爱孩子的一种方式，对孩子严格是为了孩子的前途着想，而宠爱孩子往往会耽误孩子的前程。

以严为爱，就是要对孩子严格要求，严加管教，促使其奋发图强，使孩子有一个美好的前途，成为一个成功的人，这是对孩子的爱。反过来，对孩子娇生惯养，百依百顺，任其所为，这就是所谓的溺爱。过分的宠爱孩子就是对孩子的爱变了质，并不是真正的爱孩子，溺爱孩子的结果往往是葬送了孩子的未来。

“溺”有过分和淹没的意思。过分地宠爱娇惯子女，就等于淹没子女。对此，古人有许多至理名言。《三字经》上讲：“养不教，父之过，教不严，师之惰。”荀子说：“君子之于子，爱之而勿面，使之而勿貌，导之以道而勿强。”这里的“面”即“湎”，就是对子女不能溺爱。颜之推讲得更具体。他说：“父母威严而有慈，则子女畏惧而生孝矣。吾见世间，无教而有爱，每不能然；饮食运为，恣其所欲，宜诫反奖。”这些话的意思概括起来，就是说父母对子女既要慈爱，又要威严，不能因疼爱而放松教育。如果在衣食住行方面都一味顺着孩子，如该制止的不制止，应批评的不批评，必养成大恶。看起来是爱，实际上是害。

这种说法是有根据的。纵观历史，凡是被过分宠爱的孩子，十之八九是不能成器的。《左传·哀公六年》上提到“孺子牛”的故事，说的是齐景公十分宠爱他的小儿子荼，成天守在儿子旁边，拣最好的食物给他吃，挑最好的衣服给他穿，生怕风吹着，人吓着。为了讨荼的欢心，齐景公双手撑地，装成一头牛，口里叼着绳子，让儿子拉着他满地爬。突然荼被绊了一跤，猛地一牵动绳子，把当“牛”的父亲的牙齿

拉掉了好几颗。荼在父亲的百般娇纵下，什么本事也没有，光会吃喝玩乐。齐景公临死前，准备立荼为太子，继承王位。可是大臣们都不同意，荼的几个哥哥更是耿耿于怀。等齐景公一死，大臣便串通荼的哥哥阳生发动了政变，把齐景公的这个宝贝儿子给杀掉了。

在历史上，类似这样因宠子而招致失败、酿成悲剧的事例不少。三国时的荆州牧刘表，有两个儿子，一个成天疑虑猜忌，只求保身之道，无心习文练武，成为无能之徒；一个自恃有宠，专横跋扈，沉迷于声色犬马之中，成为草包饭桶。刘表死后，刘琮继承他的职位，曹操率兵一到，立即举州投降。他正如曹操所嘲讽的那样："如同豚犬耳!"和刘表父子同一时代的袁绍也吃了"宠子"的亏。袁绍当时在北方算得上是赫赫有名的一霸，占据着冀州、青州、幽州、并州四州之地，实力雄厚。可是官渡之战中，却以十万大军败在仅仅有两万人马的曹操之手。袁绍大败，除了政治上的原因和战略上的错误之外，还有一个原因就是他溺爱儿子达到了不顾大局、贻误军机的程度。官渡之战前夕，正当曹操积极进行对袁作战的准备时，在徐州突然发生了刘备联袁反曹的事件。曹操为了避免两面受敌，便只留少部分军队驻守官渡，自己亲率大军东进，攻打刘备。这时袁绍手下的谋士们建议袁绍抓住这个有利时机，乘机袭击曹操后方，可袁绍却因为自己的爱子正在生病，留在家里守候，不肯出兵，将近一个月的时间，眼睁睁看着曹操打败刘备后重返官渡。儿子的病虽然好了，可良好的战机却白白失掉了。官渡之战失败后，袁绍仍有一定的实力，如果袁军内部同心协力的话，还可以和曹操相抗衡，等待时机反攻。可悲的是，袁绍集团不是将帅争兵夺权，就是父子兄弟之间各自树党，相互倾轧。袁绍的异母弟袁术"与绍有隙……兄弟携贰，舍近交远"。其根源也是由于袁绍过分宠信小儿子袁尚。本来按照封建制度的惯例，应立长子为嗣，接替职位，可袁绍却听从他的后妻刘氏的话，打算废长立幼，让大儿子袁谭和二儿子袁熙领兵驻守外地，把袁尚留在身边，百依百顺地宠爱着。袁绍一死，袁尚自立为主，袁谭不服气，兄弟为争位大动干戈，后来发展到袁谭向曹操投降，借兵对付袁尚。曹操借此机会，利用袁氏兄弟的矛盾，采取各个击破的办法，

把袁谭、袁尚一个一个地消灭了。

历史上一些在政治舞台上很有影响和声誉的人物，在家庭教育方面，却是个失败者。原因主要是对子女过分宠信和溺爱。过分地宠爱孩子，最终使孩子走上错误的道路。明代中期名臣杨士奇，才能卓越，名噪朝野。史官们称他“玉质金相，通达国体”，“保身济主，有大雅之明哲号”。可他的儿子杨稷，却是个恶贯满盈的花花太岁，最后被依法处斩。杨稷走上犯罪之路，与杨士奇的宠爱有直接关系。杨稷小时候，娇生惯养，长大之后，横行乡里，为非作歹，欺压百姓，草菅人命。不但受害的老百姓接连告状，就连朝廷中的一些官员也实在看不下去了。有的将情况上报给身为少傅的杨士奇，请他对儿子严加管教。可杨士奇舐犊情深，总不相信别人的话，反而把那些官员给他的信拿给儿子看。杨稷一看，怒火中烧，反咬一口，说这些官员都是诬陷他。杨士奇相信儿子说的话，并任由他恣意妄为。这样一来，杨稷更加有恃无恐，横行霸道。有人把情况报告给了皇帝，皇帝问杨士奇，他回答说：“我儿子是好的，主要是他手下的人教他干坏事。”并且还一味袒护。直到杨稷发展到残害“人命已数十，恶不可言”时，“朝廷不得已，付之法司”。杨士奇也因此积忧成疾，卧床不起。史书评论说，杨士奇本来是个位高权重，很有本事的人，可是“晚间溺爱其子，莫知其恶，最为败德事”。

宠爱子女的父母，总想着孩子长大了会“知恩图报”“待父母以孝敬”。实际上却不是这样。对孩子小时候不从严管教，教其走正路，长大以后往往出“逆子”。对孩子从小溺爱，子女长大以后不但不会对父母知恩图报，还有可能会对父母长辈不敬、不孝、不仁、不义。历史上“杀父弑君”一类的事，不少都是小时候受到娇生惯养的贵族公子少爷干的。北宋宣和年间的权臣蔡京，对他的儿子蔡攸十分宠爱并一味放纵。蔡攸长大后凭借老子的权势，当了开封府的官，深得宋徽宗的赏识。他为与自己的父亲在皇帝面前争宠，竟自立门户，明争暗斗。一天蔡攸回到家，见蔡京正与客人谈话，便过去握住他父亲的手像诊脉一样，问道：“大人，你的脉势舒缓，身体是不是有病？该退职养老了吧！”蔡京回答道：“我没有病，你别急！”蔡攸走后，来客问：“刚才

你儿子这样做是什么意思?”蔡京气愤地回答道：“你哪里知道，他是想让我早点退休回家呢。”之后，父子俩只要有机会，就都在皇帝面前说对方的坏话，互相拆台，被世人嘲笑为一对父子冤家。

“严是爱，宠是害”，凡是懂得这个道理的人，一般都对子女有个正确的态度和严格的家庭教育。但是对孩子严格并不等于要打孩子，对孩子实行体罚。我们虽不赞成对孩子娇惯溺爱，但也不提倡实行“棍棒政策”。爱要爱得在理，严要严得有方。不但我们现在不提倡体罚孩子，就在古代，也有的父母意识到不应该对孩子实行“棍棒政策”。那么古人有没有在这一方面堪称典范的呢？清朝的郑板桥算得上是一个。

郑板桥是清朝时期人，是“康熙秀才”“雍正举人”“乾隆进士”，曾任山东范县、潍县的县令，又是书画家、文学家。他 52 岁才得一子，应该说是“富贵人家”的宝贝疙瘩了。可是郑板桥对这个宝贝儿子并不娇惯，他另有一番“爱子之道”。这可以从他在潍县做知县时给家弟的两封信中看出来：“吾五十二岁得一子，岂有不爱之理！然爱之必以其道……家人儿女，总是天地间一般人，当一般爱惜，不可使吾儿凌虐他人。凡鱼餐果饼，宜均分散给他，大家欢喜跳跃。若吾儿坐食好物，另家人子远立而望，不得一沾唇齿；其父母见而怜之，无可如何，呼之使去，岂非割心剜肉乎！夫读书中举进士得官，此是小事，第一要明理做个好人。可将此书读与郭嫂，饶嫂听，使二夫人知爱子之道在此不在彼也。”

在另一封家书中，郑板桥用耳闻目睹的事实，阐明了为什么在溺爱中成长的富贵人家的子弟，大都是庸庸碌碌、无所作为，“而立学有成者，多处于附从贫贱之家”这一“富贵足以愚人，而贫贱足以立志”的道理，进而教育自己的孩子不要妄自尊大，而要用平等的态度对待他人。

从郑板桥的这两封家书中不难看出，郑板桥的爱子之道有几个鲜明的特点：一是目的明确，把教子“明理做个好人”放在第一位，培养孩子从小要有热爱劳动人民、同情劳动人民的品质，而把“读书中举进士做官”看成小事。这一点是一般的封建士大夫难以做到的。二是严而有方，针对富贵人家子弟一般轻浮贪玩，看不起劳动人民、有盲目的优越感等通病，具体地给孩子们指出为什

么对别人家的儿女不能凌虐的道理，怎样正确地对待家中用人儿女、同学、老师及贫家的儿女。这样一来，就把严格要求和耐心说服教育有机地结合起来了，既不同于溺爱，又不同于压服似的严教。这种爱子之道是很值得我们今天当父母的仿效和借鉴的。

三、言传和身教

父母是孩子的第一任老师，即启蒙老师，父母的一言一行对于孩子来说，是非常重要的，因为孩子从一出生就在照着父母的样子做，跟着父母的样子学习，一直在模仿父母。所以说父母的样子就是孩子的典范，俗话说“有其父必有其子，有其母必有其女”，虽然这种说法有一定的片面性，但是不无道理。

父母教育子女，无非是两个方面：一是讲道理，传授知识，进行说教。二是以身作则，以行示教，让孩子照着做。这就是我们通常讲的言教和身教。

父母和子女的血缘关系和共同生活的情感，往往使子女依从父母，听父母所言，依照父母的行为做事。特别是孩子小的时候，父母的一言一行、思想意识、生活习惯都会在孩子心灵上打下深深的烙印，起着耳濡目染、潜移默化的作用。古人在家庭教育的过程中，也注意到了这些特点。颜之推说：“人在少年，神情未定，所与款狎，熏渍陶然，言笑举对，无心与学，潜移暗化，自然似之。”为什么会这样呢？颜之推认为，父母和子女，既有血亲关系，父母在子女面前又有一定的权威，他们的教育作用，是其他人所难以取代的，就连老师和圣人讲的道理，有时也不如父母在孩子面前讲的话灵验。因此，父母教育孩子既要注意言教，动之以情，晓之以理，更要注意身教，以身作则，以行示教。

古代一些名人很强调“身教为贵”，把“以身示教”作为教育后代的上策。孔子讲：“其身正，不令而行；其身不正，虽令不行。”为此，史书上记载了许多以身示教的范例。《韩非子·外储说左上》记载的“曾子杀猪”的故事就一直流传至今。话说春秋时孔子的学生曾参，为人正直，有一天，曾子的妻子要上街，孩子哭闹着要跟着去，曾妻说：“好孩子，你别哭，在家等着，妈妈回来给你杀猪炒肉吃。”孩子被哄住了。等她上街回来，曾子就要去杀猪。他的妻子

一看慌了，说：“我是跟孩子说着玩的，只要他不哭就行了，你怎么当真动刀啊！”曾子说：“孩子是不能欺骗的，他还小，无论做什么事都照父母的样子做，听父母的教训。你今天说的话不算数，骗了他，就等于教他讲假话和骗人。再说，今天要是这样骗了他，以后孩子就不会相信大人的话了，再教育就困难了。”曾子说服了他的妻子，把猪杀掉了，给孩子做出了说话算话、言而有信的榜样。不过，父母对子女的“言而有信”一定要注意做到“言而有分寸”“言而有主见”，而不能在孩子面前信口开河，随意许愿。曾参的妻子因随意许愿而失了一口猪的教训，也是值得吸取的。

历史上也有因为自己坏的行为习惯而给孩子做了坏的榜样的例子。明朝嘉靖年间的大学士、宰相严嵩，就是以恶行教子的例子。相传，严嵩“以诗古文词，颇著清誉”，很有名望，可他的为人却同他读的圣贤书完全相反。《明史·严嵩传》记载说：“严嵩窃政二十年，溺信恶子，流毒天下，人咸指目为奸臣。”父行子效，上梁不正下梁歪。严嵩父子贪得无厌，凡是文武官员的升迁，都根据贿赂的多少来裁定，后来没收严家家产时，发现严嵩和他的儿子严世蕃历年收的贿赂有黄金三十万两，白银二百万两，其他珍宝财物无数。严嵩的养子赵文华、长孙严效忠等后代也都学严嵩的样子，成为一群为非作歹、横行霸道、欺压百姓的恶棍。人说“有其父必有其子”，这话虽然有点绝对化了，但不能说没有道理和根据。所以说父母对孩子的影响是非常大的，父母的坏行为能直接导致孩子的坏行为，孩子在行为上犯错误最主要的原因就是受到父母坏的影响。

为人父母不能以身正己，招致杀身之祸的也有。五代时，梁主朱晃（即先前跟着黄巢起义，后叛变投唐的那个朱温）是个专横跋扈、荒淫无度的酒色之徒。他在建立后梁称帝后，本来已有不少妃子，可还趁几个儿子在外，常把儿媳妇招进宫中玩弄。他的三儿子朱友文的妻子王氏，长得美貌妖娆，他特别宠爱，成天在一起鬼混，并准备立朱友文为太子。他的另一个儿子朱友珪的妻子张氏知道这个消息后，便写信告知在外的丈夫。朱友珪和统军合谋，连夜带兵赶进京城，杀进后宫，骂他父亲是个不知廉耻的老

贼，命人用刀杀之。朱友珪杀父，固然是统治阶级内部争权夺位激化的结果，但朱晃本身“上梁不正”，恐怕也是一个因素。

正反两方面的事例都说明，父母教育子女，以身作则，用良好的思想修养、品德操行去陶冶和影响后代，把子女教育好，这是父母不可推卸的责任。

强调身教重于言教，并不等于说有了身教就可以忽视言教。言教和身教同等重要，语言协同行为的教育方式会收到意想不到的效果。所以说言教和身教两者相辅相成，不可偏废。在历史上，就有因忽视言教、放松管理、致使子女不成器的例子。据《晋书·列传第十一》记载：太尉刘实，小时候家里贫穷，他很刻苦勤奋，一边劳动一边读书，成为“博古通今”的学者。当了官以后，仍然不忘本，保持艰苦朴素的本色，不为自己修建房屋、添置田产，廉洁正派，奉公守法，被称为“清身洁己，行无瑕疵”的好官。可他的儿子刘夏却生性放荡、喜欢挥霍，一次又一次地贪污受贿，受到法律的制裁，刘实也因此而两次被株连罢官。有人问刘实：“您老人家一世清白，品德高尚，到了儿子们这一代，却成为罪犯。你为什么不经常开导教诲儿子，讲讲为人的道理，使他们学好，知错就改，重新做人呢？”这话本来问得有情有理，可刘实却是另一种观点，回答说：“我的为人处事，儿子们不是看不见，他们不照着学，有什么办法，靠讲道理有什么用处呢！”看来这位刘太尉失策就在于以身教代替了言教，没有把身教和言教结合起来。

言传身教，这句成语对于教育子女来说，的确是成功的经验之谈。在教育子女时，善于把言教和身教结合起来的人，历史上也是有的。如明太祖朱元璋，他有二十六个儿子、十六个女儿，尽管到后来有成器的，也有无所作为的，但作为父亲的朱元璋，为教育子女确实是煞费苦心的。他以身示范，处处注意为儿女们做好榜样。对太子，一方面让他跟着自己实习，学习处理国事政务的本领，一方面经常以理开导。他对太子说：“从古开基创业的君主，历经艰难，通达人情，明白世故，办事就比较稳妥。守业的君主，生长于荣华富贵的环境中，平时再不学习，就容易出毛病。我之所以带着你跟大臣们见面，听取和批阅各衙门来的公文，就是为了使你学会管理国家。作为一国之主，要记住和掌

握好这么几个字：一是仁，能仁才不会失于疏暴；一是明，能明才不会轻易地听信谗言；一是勤，勤勤恳恳才不会沉醉于安乐中失节误国；一是端，处事果断才不会贻误时机。”又说：“我从当皇帝以来，从没有偷过懒，总是不等天亮就起来，到半夜才休息，这是你们天天看得见的。你能照我的样子办，就可以保住天下。”

为了替子孙后代做长远打算，朱元璋还把自己治国安民的经验教训进行了比较系统的回顾总结，于洪武二十八年（1395 年）九月，写成《祖训》，立为家规家法，开导子孙，诫勉后代。

对子女进行言传和身教的这种教育方法，直到今天在家庭教育中仍占有很重要的地位，并且是教育子女的重要方式，如果把两者结合好，就有希望把孩子教育成功。

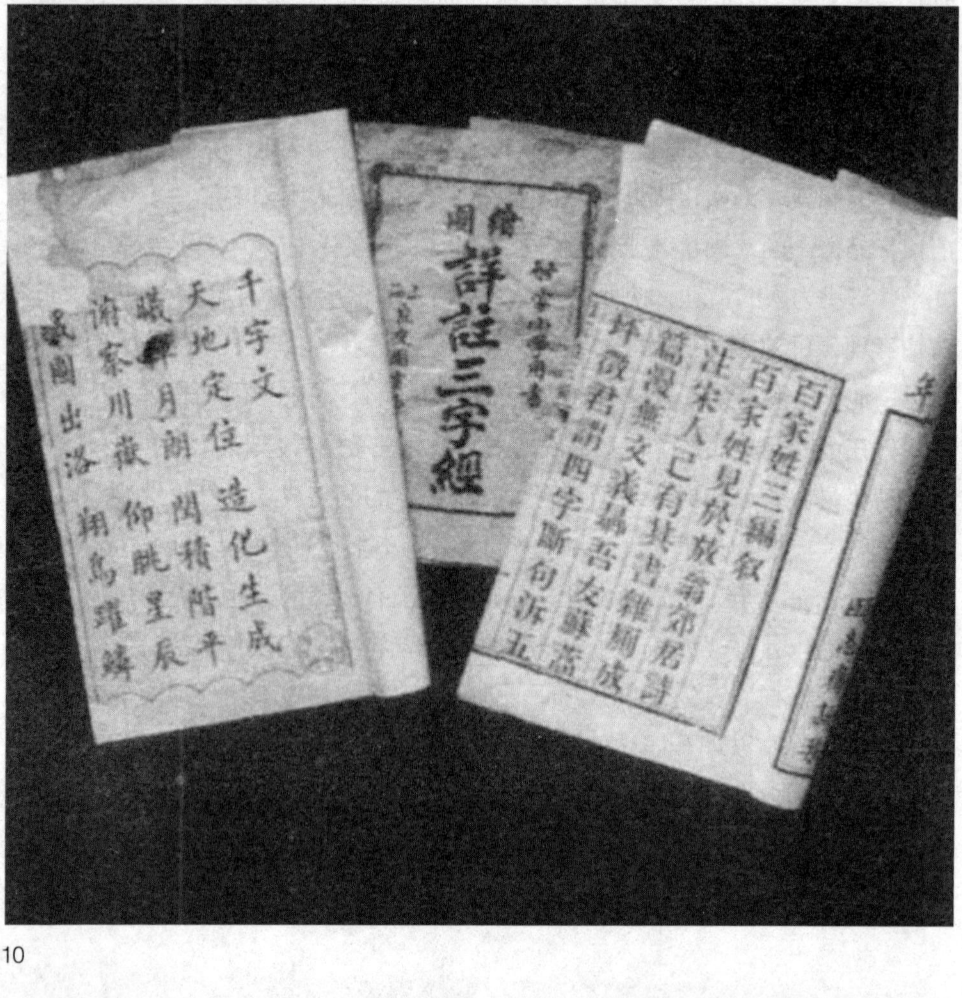

四、择善而从

对人的成长进步和发展前途起决定作用的是本身的内在因素、主观努力，但客观条件和所生活的环境也是十分重要的。也就是说，遗传因素对于一个人的性格、气质起着基本的作用，但是周围的环境以及对其实施的教育却起着主要的作用，所谓“择善而从”指的就是为孩子选择一个良好的环境，交正确的朋友，选择好的老师；就是为孩子选择好的方面，选择有利于孩子发展的方面。

《荀子·劝学》中说：“蓬生麻中，不扶则直，白沙在泥，与之皆黑。”《晏子春秋·内篇·杂下》中记载着这样一个故事：齐国的大夫晏婴出使楚国，楚王设宴招待，席间，两名武士押着一个犯人进来，说是“齐国人，盗贼”。楚王以此挖苦晏婴，说你们齐国出盗贼。晏婴回答说：“橘生淮南则为橘，生于淮北则为枳，叶徒相似，其实味不同，所以然者何？水土异也。今民生于齐则不盗，入楚则盗，得无楚之水土，使民善盗耶？”意思讲得很明白，同样的一棵橘树，因为生长在不同气候和水土的地方，就结出不同的果实，同样一个人在我们齐国是好人，到了你们楚国却成了盗贼，恐怕也是你们这里的社会风气有问题吧。墨子也讲过类似的道理，他以染丝打比方，“染于苍则苍，染于黄则黄，所入者变，其色亦变”。这些观点虽然带有片面性，但还是有一定道理的，而且为许多事实所证明。司马迁能够写出我国历史上第一部纪传体通史，固然是靠他的勤学苦钻精神和独特的才华智慧，可也不能忽视他所处的客观环境。一是他有个具有丰富史学知识，曾任太史令的父亲司马谈；二是他本人后来也身为史官，有接触大量史料的方便条件。在历史上，类似的“史学世家”“父子科学家”“祖孙三代文人”等情况还是不少的，都可以说明环境和教育对人的影响。尤其是人在孩童时代，心地纯洁，接受能力强，判断能力弱，最富于模仿性，“往往跟上好人学好人，跟上巫婆学跳神”。小孩就好比一张白纸，能画上最美的图画，也容易染上污秽的颜色。正因为如此，古代一些有远见卓识的人为了使孩子受到较好的教育，除言传身教外，还十分强调“择善而从”，注意为子女选择和创造一个良好的生活环境。

择善而从的一个方面是“择邻而处”，注意为孩子选择能够接受良好教育的住所。环境对于一个孩子的成功与否是起着至关重要的作用的，所以为孩子选择一个良好的住所也就至关重要了。孟子讲：“逸居而无教，则近于禽兽。”这大概是从他母亲那里继承来的观点。“孟母三迁”的故事说的就是环境对人的影响及其重要性。生于战国时鲁国邹（今山东邹县）的孟轲，是继大教育家孔子之后最有影响的儒学大师，历来被人们尊为“亚圣”。他继承和发展了孔子创立的儒家学说，和孔子合称为“孔孟之道”。孔孟之道，在中国封建社会被统治阶级尊奉为统治思想，孔孟的地位是非常高的。孟子是鲁国贵族孟孙氏的后代。虽然他出身贵族，但实际上他少年时代家境贫寒，并没有享受到贵族子弟那种衣来伸手饭来张口的特权生活，孟子的父亲死得很早，其抚养和教育完全依靠他的母亲，孟母是一位勤劳而善于教育孩子的母亲，她在中国教育史上享有盛誉，尤其是“孟母三迁”的故事更是尽人皆知。起初，这母子俩的居舍在墓地旁边。孟子自幼是个天性活泼的孩子，喜欢玩游戏，每天在坟墓之间的土地里学筑土坟。孟母意识到这里不是让孩子待的地方，于是把家迁到了集市旁边，她以为人多热闹的地方可以使孩子见闻丰富，学到做人的本领。哪曾想到，小孩天生爱模仿大人的行为，孟子尽管不再玩筑坟游戏，却学着买卖人拉腔拉调地吆喝，活像一个小商贩。孟母很不满意，认为这里也不是教育儿子的地方，于是又把家迁到了学校旁边。从此以后，孟子的游戏改为模仿学校的师生，学习礼仪，对礼乐活动产生了兴趣。由于孟母注意环境对孩子教育的影响，主动选择居处，乃至三次搬迁住所，最后孟子养成了好学的好习惯，长成之后学六艺，好儒术，成为伟大的思想家。

择善而从的另一方面是“择友而教”。因为影响儿童发展的环境，不光是一个住所以及邻居的问题，从大的方面来讲，是一个社会的制度和风气，从具体方面来讲，父母、邻居、朋友，各方面的社会关系和交往，都会给人以潜移默化的影响。一个人如果从小就和有利于他成长的好伙伴、好朋友一起成长的话，他就会有一个美好的童年，对于他以

后的成长是非常有好处的。孔子讲："与善人居，如入芝兰之室，久而不闻其香，即与之化矣。与不善人居，如入鲍鱼之肆，久而不闻其臭，亦与之化矣。"用我们现在的话来说，就是一个人如果跟好人相处，久而久之，也会因受其影响而逐渐变好；跟坏人相处，也会因受其影响而逐渐变坏。因此，要十分谨慎地选择朋友，俗话说"物以类聚，人以群分"，说的就是这个道理。

东汉时，有个辅佐刘秀创天下、功勋卓著的将军马援，在他哥哥去世后，负责抚养两个侄子，一个叫马严，一个叫马敦。由于马援军务在身，常常出征在外，顾不上家，所以这两个孩子就结交了一些轻佻、放荡、讲哥们义气的朋友，沾上了放荡不羁的毛病。他们经常议论是非，挖苦别人。为此，马援专门写了一封《诫兄子严敦书》，告诫侄儿应该和什么样的人交朋友，以什么样的人为榜样。信中说："我一生最讨厌的是轻薄之人，宁死也不愿听别人说马家的子孙品行不正。我有两个朋友，一个是龙伯高，一个是杜季良。虽然我很看重他们，但两个人的思想性格和品行却大不一样。希望你们学龙伯高而不要仿效杜季良。为什么呢？因为龙伯高为人忠厚、诚实，说话办事谦虚谨慎，生活节俭，作风正派，秉公守法。杜季平的长处是豪侠仗义，能替朋友分忧解愁，好打抱不平，但往往比较轻浮，性情放荡。你们向龙伯高学，如果学不像，至少可以约束自己，不去胡说八道，胡作非为；如果仿效杜季良，如果学不像，就可能成为轻浮浪荡公子，就好比'画虎不成反类犬'。"

"择善而从"的另一个重要方面是必须为孩子选择好的老师。一个人在一生中遇见一个好老师是他最大的幸运，所以在孩子小的时候一定要为孩子选择好的老师，古代是很重视老师的作用的，《礼记·学记》上讲"择师不可不慎也"。唐朝的著名学者韩愈专门写了一篇《师说》，论述从师求学的道理。他针对当时士大夫看不起老师的风气，强调"古之学者必有师。师者，所以传道授业解惑也"。在这篇文章里他反复阐述了从师择师的重要性。不光是韩愈、柳宗元这一类的文人学者重视老师的作用，就是帝王将相、豪门贵族也把为子女选择好的老师看作是保全基业，巩固统治地位的"要事良策"。汉高祖刘邦晚年

时，认为太子刘盈不成器，打算废掉另立赵王如意。张良为吕后出了一个主意，让他请出当时隐居的人称“商山四皓”的四位学者为太子刘盈老师。这一招果然生效。刘邦见到以后，觉得太子有这样的老师辅导，是“羽翼已成”，便打消了废除刘盈的念头。看来，刘盈能成为汉朝第二代皇帝（汉惠帝），还真多亏了这四位名师。

蜀主刘备在临死之前，把儿子刘禅托付给诸葛亮。他对儿子说：“父王我才疏学浅，功德不高，你不必效法，孔明丞相才智过人，治国有方，你要以他为师，像对待父亲一样对待他。”明太祖朱元璋年轻时没有机会上学，他当上皇帝后为此感到遗憾，因而对后代的教育特别重视，征聘四方名儒学者，轮流

给他的儿子讲学上课，并挑选许多有才华的青年为儿子伴读。当时有个名叫宋濂的学者，“六岁能诗书”，精通古今、知识渊博，朱元璋便让他专门教育皇太子。他对宋濂和其他给自己儿子讲学的儒臣们说：“有一块精金，得找高手匠人打造；有一块美玉，也要有个好玉匠才能成器。人家有好子弟，不求名师，岂不是爱子弟反不如爱金玉？好师傅要做出好榜样，因材施教，培养出人才来。我的儿子将来是要管理国家大事的，你们一定要培养他高尚的品格。”当然，在封建社会里，只有帝王将相和封建官吏能为孩子招用和聘请名师，广大劳动人民的孩子是无权也无钱择师的。

总之，对孩子进行教育，为其选择一个良好的环境是非常必要的，一个优良的环境对孩子的成才起着至关重要的作用。“物以类聚，人以群分”，所以要让孩子交正确的朋友。选择好的老师也是必要的，俗话说没有学不好的学生，只有教不好的老师，一个好的老师不但能传授给学生知识，还能教会学生做人的道理。

五、扬长避短，因势利导

每个孩子由于遗传因素、社会背景、家庭条件等的不同，造成了他们性格、气质的不同。世界上没有两片相同的树叶，同样，世界上也没有两个完全相同的人。所以说每个人都有自己的性格、特长、兴趣和优缺点。父母在培养自己的孩子时，应该认真观察、分析孩子的个性特点，扬起所长，避其所短，因势利导，以取得最佳教育效果。这一点，古人在家庭教育中已经注意到了。曹操教育自己的几个儿子，能针对他们的不同特点、爱好分别进行教育，对爱武的侧重传授兵略武艺，对喜文的着重教他们读诗作赋。结果，他的儿子各有所长，都能有所建树。

要做到扬长避短，首先要了解子女，对他们的长处、短处要心中有数。因为家长是孩子的启蒙老师，从一出生父母就陪伴在孩子身边直到他们长大成人，所以自己的孩子有什么样的优点和缺点，家长应该很清楚。司马迁在《史记·勾践世家》中讲了一个范蠡知子长短的故事。说范蠡在齐国一个叫陶的地方隐居时，他的二儿子因犯法被囚于楚，定成死罪。范蠡准备派小儿子带千两黄金去营救。大儿子争着要去，范蠡不让，坚持让小儿子去。大儿子说："家有长子曰家督。今弟有罪，父亲不让我去，却让小弟去，是看不起我，肯定是觉得我无用吧。"说着，便要自杀。范蠡的妻子一看慌了，劝丈夫说："你让小儿子去，也不一定能救出老二来，却让大儿子先自杀了，还不如让他去了！"范蠡不得已，只好让大儿子去。等他一走，范蠡就说："准备好等他搬老二的尸首回来吧！"妻子不解其意，范蠡说："咱的大儿子、小儿子各有所长所短。大儿子从小跟我受过苦，知生计艰难，很珍惜家产，这是他的长处，但也因此很爱财，过分吝啬，往往办不成事；小儿子生长在富贵的环境中，不知财从何来，挥金如土，这固然是个毛病，但另一方面他却能仗义疏财。去营救二儿子，是个破费金银的差事，我让小儿子去，是因为

他能弃财，而大儿子却做不到这一点，所以也肯定救不了老二啊。”后来，果然不出范蠡所料，大儿子因为舍不得花钱，没救出二弟，拉着尸体回来了。用现在的眼光看，范蠡采取用金钱来为儿子赎罪的做法显然是不对的，但从这件事可以看出他对两个儿子的长处和短处确实是了如指掌的。

对孩子不了解，把握不住他们的长短处怎么办？可以通过实践来考察，也可以请教周围的人，听听别人的反映和评价。俗话说得好，“当局者迷，旁观者清”，父母因为疼爱孩子，往往对自己孩子的缺点熟视无睹，在他们的眼里，自己的孩子是最好的，从孩子身上看到的都是优点而没有缺点，而忽视了对孩子身上一些缺点的纠正，造成了对孩子教育的不得当。春秋末年晋国的大夫赵简子有两个儿子，大的叫伯鲁，小的叫无恤。这两个孩子到底要谁来做继承人好呢？赵简子心里没底。他想了个办法，把写有“训诫”之词的书简交给两个儿子，告诉他们说：“你二人要记住。”三年过后，赵简子考问，伯鲁根本答不上来。赵简子又问：“那你把我写给你的书简拿出来看看。”伯鲁说：“早丢失了！”赵简子再问小儿子无恤，无恤对答如流，问写的书简在哪，他很快从袖中抽出来递给父亲看。赵简子从这件事和其他一些小事上看出小儿子比大儿子强，便改变了“立长为嗣”的做法，决定立无恤为继承人。这也可以说是“择优而立”吧。

宋太宗赵光义在这一点上也是比较明智的。在他去世的前两年（995年），到底让哪个儿子继承王位，他拿不定主意，便征求名臣寇准的意见，问：“你看我的儿子中，哪个可以立为太子啊？”寇准回答：“要权衡比较一下，选择有治国安邦之才，能不负众望的皇子为太子。”太宗又问：“我看三太子襄王比较理想，你看如何？”寇准说：“知子莫若父。襄王是可以的。”于是，太宗便下决心将在外地的襄王赵元侃调回京城开封尹，改封为寿王，随后又正式确立为太子。太子在祭祀祖庙后的归途中，沿路群众夹道贺喜，称赞赵元侃是“少年天子”。可是听说人人都拥护太子，宋太宗又不大高兴，问寇准：“人人都心向太子，把我置于何地啊？”寇准急忙拜贺说：“这说明你选择寿王做太子选对人了，得人心，是天下百姓之福啊。”太宗

一听，心中豁然开朗，便率领皇后妃子们一起为太子祝贺。

当然，单纯地了解、知道其长短处还不够，了解的目的是为了因材施教、因势利导。在这一方面，元代著名的科学家郭守敬的祖父郭荣做得非常好。郭荣是金末元初时一位颇有名望的学者，他精通五经，熟知天文、算学，擅长水利技术。当他看到自幼就跟自己生活的孙子郭守敬聪明好学，从小就喜欢自己动手制作各种器具，对自然科学有浓厚的兴趣时，就因势利导，一边教他读书习文，一边有意识地带他去观察各种自然现象，体验生活，并手把手地教他制作各种器具，给他讲解各种科学知识，希望他长大后成为一名科学家。郭守敬到十五六岁时，就显露出了一定的科学才能。他得到一副宋代人制作的“莲花漏”图，经过一番分析研究后，居然摸清了这种做计时器用的“莲花漏”的制作方法。郭荣对此感到十分高兴，为了让孙子进一步开阔眼界，得到深造，便把他送到自己的一位老朋友——精通天文学和经学的刘秉忠门下学习。郭守敬在刘秉忠的精心指导下，学问大有长进，取得了卓越的成就。

对孩子因材施教、因势利导，还有一个重要的方面就是孩子的兴趣爱好和志愿理想，不能凭父母的主观意志硬性规定，强迫孩子服从，应该让孩子自己做出选择，孩子不感兴趣的东西，父母不能强迫他们去学习，应该对他们感兴趣的方面进行培养教导，因为兴趣是孩子最好的老师。那种以自己的兴趣爱好去替代孩子本身的兴趣爱好，硬把孩子的兴趣往父母自己所好的方面去扭转的做法是错误的，效果往往是适得其反。明代伟大的医药学家李时珍的父亲在这方面就走过弯路。李时珍的父亲叫李言闻，是一个饱学的秀才，几次科考都未得中，于是从事医学研究，成为一名颇有名望的乡间草医。在这样的家庭环境中生长的李时珍，从小就对药草产生了兴趣，七八岁时便能辨认出许多草药的名字。但是他的父亲李言闻并不想让他从医，而一心希望聪明的李时珍能科场得中、金榜题名，以此来为地位低下的李家改换门庭、光宗耀祖。他让李时珍专心读书，不让儿子看医药方面的书。可是李时珍随着年龄的增长，对腐败的官场现象和乡下百姓无钱看病的苦难越来越有深刻的了解，而对科举考试越来

越没有兴趣，于是他坚定了学医的决心，立志为贫苦人民解除苦难。他向父亲表示：“身如逆水船，心比铁石坚，望父全儿志，至死不怕难。”好在李言闻不是那种固执己见的人。他深知儿子立志学医的决心是不可动摇的，于是改变了主意，让儿子跟随自己行医，向儿子传授医术和实践经验，因此儿子的医术提高很快。后来成为中国著名的医药学家。

从上述故事中可以看出，对于孩子因材施教、因势利导是多么重要，每一个父母都应该根据自己孩子的特点有针对性地对其进行教育，才有可能把孩子培养成国家栋梁之才。在孔子的教育方法中就提到了“因材施教”，主张针对孩子的特点去教育，这个观点是非常正确的。

六、对子女进行品德教育

21世纪培养孩子，多提倡德智体美劳全面发展的方针，尤其是强调加强少年的道德品质的教育。而古代的学校教育和家庭教育，基本上是以“读书做官”为指导思想的，所以大都是重才轻德，讲“学”不讲“行”的。这样教育出来的人，尽管饱学多才，知书达理，但在实际中却是另外一个样子。饱学多才的人在生活中不一定是品德高尚的人。南宋时的奸臣秦桧，小时候也受过严格的教育，是一个词学兼茂的人，讲过“桧荷国恩，甚愧无报”之类的漂亮话。但他实际上却是个言行不一、心术不正的伪君子、两面派。他名为宋臣，却暗通金国，破坏抗战，杀害岳飞等爱国将领，干尽了坏事。

但是在古代，也有主张把德育放在第一位的人。像前面提到的郑板桥，他就认为教育儿子“读书中举进士做官，此是小事，第一要明理做个好人”。用今天的话说就是做个品德高尚的文明人。诸葛亮也提倡德才并重，“静以修身，俭以养德”。后汉的科学家张衡在《应闲》一文中说道：“君子不患位之不尊，而患德之不崇；不耻禄之不伙，而耻知之不博。是故艺可学而行可立也。”这段话的意思是，君子不愁地位不高，而应先看道德是否高尚，知识是否渊博。才能是应该学习的，道德更是应该尽力以求的。《国语》上有个“叔向贺贫”的故事，也是告诫人们要教育后代重德行而轻官位利禄。春秋时晋卿韩起，他认为自己只有卿的名誉，而没有卿的实际，也就是没有多少钱，感到寒酸，因而发愁。大夫叔向知道后，便去他家向他贺喜。韩起不明白，问这是什么意思。叔向说：“你没有积财，过着清贫的生活，说明你为官不贪，德行高尚，因此可贺。”

他用了许多事实教育韩起，说：“从前，晋国的上卿栾武子没有百人的田产，家里连祭祀的器具都不全，可是他能够发扬美德、执行法度，美名传遍了诸侯各国。各诸侯都很钦佩他，因此使国家安宁。到了他儿子栾桓子这一代时，

担任下军元帅，骄傲自大、奢侈无度、徇情枉法、胡作非为、囤积财物，遭到众人唾骂，本该遭惩罚，只是依赖他父亲的余德，才免了死罪。传到桓子的儿子怀子时，怀子接受了他父亲的教训，学习他祖父的德行，又受到众人的尊敬。只是因他父亲罪行的牵连，逃亡到楚国。”

“还有居功骄傲的玉昭子，他的财产抵得上晋国公室的一半，他的子弟都在军中担任将佐，他们依仗权势和财产，过着荒淫和奢侈的生活，最后却被株连九族。他们家做官的那么多，势力那么大，财产够多的了，可是一旦失势，为什么没有一个人同情他们呢？就是因为他们德行不好的原因！现在你如同栾武子一样清贫，我认为你也应该有他那样的德行，所以表示祝贺。”

叔向的一番话，说得韩起心服口服，连忙下拜，说：“我在迷路的时候，全靠你的及时引导，不但我本人铭记你的教诲，还要教育我的子孙后代要感激你的恩德，照你说的去做。”叔向在这里讲的忧德不忧贫的道理是在告诫人们要把“德”放在第一位来教育后代。

当然，道德是有阶级性的。各个阶级都有各自的道德标准。古人教育子女“崇德”的内容和我们现在提倡的“德育”是有区别的，但也有一些内容是相同的。比方说，要学用结合，言行一致，做老实人，说老实话。现在我们这样要求子女和学生，古代一些名人志士也非常重视这个问题。南宋的著名爱国诗人陆游，既重视对孩子进行智力教育，鼓励儿子们多读书作文，又很重视对孩子的道德教育，教育子女不要为了做官、发财而读书，要用知识救国救民。他在自己的诗文里这样教导孩子：“万钟一品不足论，时来出手苏元元。”他还告诫孩子们，读书人自己首先要道德高尚躬行实践。清朝有名的学者陆陇其在写给自己的大儿子定征的信中说：“读书做人，不是两件事。将所读之书，句句体贴到自己身上来，便是做人的法，如此方叫得能读书；人若不将来身上理会，则读书自读书，做人自做人，只算作不读书的人。”看来这位学者是反对那种说一套，做一套，夸夸其谈，华而不实的坏毛病。他要求自己的儿子做老实人，正是重视德育的表现。

培养高尚的道德品质，不光是做个老实人，说老实话的问题，还应该体现在思想修养、待人处事等方面。道德品质优秀的人，在思想修养方面是很高的，待人处事方面也是诚恳的。古代一些有识之士在评论一个人的德行时，很讲究“廉洁奉公，刚正不阿”的作风，并以此教育子女。伟大的史学家司马迁在这方面就做得不错。他一生光明磊落，刚正不阿，为官清廉，从不趋炎附势，不向邪恶势力弯腰屈膝。他的这种性格和品德也熏陶了自己的后代。据史载，司马迁当太史令时负责编写《史记》，在朝中有了声望之后，不少人想奉承他，想从他身上捞点好处。就连朝中最得势的将军李广利也想和他拉关系。有一天，李广利派人给他送来一件礼物，司马迁的女儿打开一看，精致的盒子中装着一对非常珍贵的玉，她高兴地说：“太好了，真是世上罕见的宝贝啊！”司马迁走过来看了看说：“这么光滑纯洁，真是无价之宝啊。不过，它的可贵之处就在于没有斑痕污点，所以才受人称赞。玉玺如此，人也应该如此啊。像我这样一个平常的官员，如果收下这份礼物，不就像玉玺沾上了污点吗？”说完，他嘱咐女儿将玉玺重新装进盒内封好，让人又送回去了。女儿虽然没有得到这珍贵的玉，却得到了比玉更珍贵的东西——父亲对她良好的教育。司马迁的这个爱女后来嫁给了官至丞相的杨敞，她时常用父亲的品德和父亲当年教育自己的故事来教育自己的孩子，她的两个儿子长大后都有所作为。

历史上类似司马迁教育女儿不收受贿赂的事例很多。如《晋书·烈女传》中记载的陶母责子一事，使人深受启发。晋朝名将陶侃年轻时，曾在洛阳担任捕鱼的县吏，有一天，他利用职务上的方便，弄了一瓦锅咸鱼托人带给了母亲，以示孝敬。陶母沈氏，是个清白的人，当她知道儿子送来的鱼来路不正时，很是生气，立即将原物返回，并写信教训儿子说：“为官要清正廉洁，你拿公家的东西送我，不仅对我没好处，反而增加了我的忧虑。”

陶母对儿子从小就严格要求，处处注意言传身教。她在家境贫困的情况下，以纺线、织布供儿子读书，从不贪财忘义。有一年，会稽太守范逵路遇大雪借宿陶家。陶母生活清贫，无法招待客人，便偷偷剪下自己的头发卖掉，买来吃

的东西款待客人，还揭下自己床上铺的铺草铡碎喂客人的马匹。由于陶侃从小受到母亲高尚品德的熏染，所以也养成了廉洁奉公的好品行。以后他当了荆州刺史，加封征西大将军，仍能勤勤恳恳，谨慎行事，不沾染当时社会上那种“刮尽民脂民膏，肥了官家腰包”的污浊习气。凡是有进奉食品的，他一定要问清东西是怎么来的。假若是用非法手段得来的，他就严厉地斥责，退还所馈赠的东西。

他严格要求部下，不许贪玩喝酒误公事，不许损坏百姓的庄稼。有一次，他看见一个部下拔了老百姓还未成熟的稻子，便抽了他一顿鞭子。他平常因打仗用了百姓的东西，也叫人一一登记，赔偿损失。可见，陶侃之所以能成为德昭功高、名垂青史的名将，是同其母严格的道德教育分不开的。

古代的道德教育，常常是以儒家的“仁、义、礼、智、信”为标准的。因此，史书上记载的有关教育子女“施仁政”讲信义的事例很多。汉宣帝时，有个河南太守名叫严延年，为官比较清正。有一次，他的母亲从老家来到洛阳看望他，还未进府，碰到严太守手下的人押解着囚犯。这位严母便到路口的亭子里住下，不肯进府去了，严延年赶忙来拜见迎接，严母责问儿子是不是又随便捕杀无辜的人。儿子说明了情况，严母教训说：“当官执法要公正严明，不能滥杀无辜，要多施以仁爱教化，更不能用滥施刑法和随便杀人的手段来逞自己的威风。当民的父母官，就要有爱民的父母之心。”严延年听了母亲的话后连连称是，并且表示以后一定按照母亲说的去做，严母这才跟他进府。

古代也有一些名人志士把劳动作为教育子女树立远大志向和培养崇高品德的重要途径。他们认为劳动既锻炼了身体又能够养家糊口，何乐而不为。一些父母告诫自己的子女应该以劳动作为立身之本，因为在劳动中，能够培养好的思想品质。古人在对子女进行道德品质的教育中，还比较注重从点滴入手，要求子女严以律己，宽以待人。

历史上还有善于利用反面教材，对孩子进行品德教育的例子。东汉时期，有个叫陈实的人，为人比较公正开明，在乡里很有威望。一天夜里，有个小偷溜进他家里，躲在房梁上伺机盗窃，恰巧被陈实发现了。可是陈实没有声张，只是把儿子们叫起来集合到一起说：“一个人生活在世上

不能不自勉，不能不讲道德。干坏事的人未必本来就是坏人，只是他不学好，慢慢染上了恶习，越变越坏。你们抬头看看那个‘梁上君子’，他就是这么变坏的。”

蹲在梁上的小偷听了大惊，立刻跳下来叩头请罪，表示悔改之意。陈实又给他讲了一番道理，要他改恶从善，并送给他两匹绢。陈实抓住时机，既教育了偷窃者，也教育了孩子，一举两得，实在是一招妙棋啊！

良好的品德是衡量一个人好与坏的重要标准，一个具有良好品质的人是值得人尊敬的，而品行差的人却遭人敬而远之。父母只有从点滴入手，从一些小事中教育孩子，才能够达到预想的效果，才能把孩子培养成品德高尚的人。

七、对子女进行俭朴教育

艰苦朴素是中国的优良传统，从古代一直流传到今天，从古代开始，父母就教育孩子生活要俭朴，教育子女以俭朴为家风，从衣着食用等生活细节入手，培养孩子艰苦朴素、勤俭节约的作风，这也是我国古代家庭教育的优良传统。古代有许多教育子女要俭朴的故事。

《国语·鲁语》上有这么一个故事：春秋时鲁国的宰相季文子，是一位比较贤明的大夫。他虽然身居高位，却不贪图享乐，他自己和家里的人总是保持着“粗茶淡饭”这样的生活标准。妻子儿女没有一个人穿绸缎衣裳，家里养了匹马，也只是喂青草不喂粟米。孟献子的儿子仲孙对季文子这种做法很不理解，用轻蔑的口气说：“你身为堂堂宰相，家人如此寒酸，马匹枯瘦，难道你就不怕百官耻笑吗？当你与诸侯交往时，就不怕影响鲁国的声誉吗？”季文子答道：“我当然也愿意穿绸衣，骑良马，可是，当国内还有许许多多的老百姓穿破衣、吃粗食的时候，我怎么忍心让我的妻子儿女过分地讲究衣食呢！至于说到声誉，我只听说过人们具有高尚的品德才是国家的最大荣誉，没有听说过炫耀自己的美妾良马会给国家争光的。”

孟献子听到这件事后，很赞赏季文子这种以俭为荣的好品行，同时又恼恨自己的儿子仲孙狂妄无礼，便将他幽禁了七天，教训他应该以季文子为榜样，改掉奢侈的坏毛病。仲孙在季文子的启发和父亲的管教下，明白了简朴才是真

正的美，也开始注意节俭了，并让自己的妻子也穿起粗布衣服，给马匹吃普通的草料。这个消息很快传遍了全国，不少人都照着学，在鲁国朝野形成了以简朴为美的风气。

以俭朴为荣的对立面是以奢侈为荣。是俭朴还是奢侈，往往直接关系到国家的成败兴衰和个人的前途事业。“历览前贤国与家，成由勤俭破由奢。”因为生活上的奢侈，总是和思想上的堕落、政治上的腐败紧密联系在一起的。

据《韩非子·喻老》记载，历史上以荒淫暴虐出名的商纣王的堕落，就是从一双象牙筷子开始的。当纣王有了象牙筷子时，他手下一个比较有政治头脑的大臣箕子感到恐惧不安，认为这是变坏的征兆。箕子推测，有了象牙筷子，必然要配以犀玉做的碗杯；用“象箸玉杯”肯定不会吃一般的粗茶淡饭，必然要吃熊掌、豹胎一类的山珍海味；吃山珍海味，必然要穿讲究的多层锦衣，居广室高台。这样发展下去，后果可怕。事情果然如箕子所料，几年之后，纣王穷奢极欲，“以酒为池，悬肉为林”，很快导致了亡国。乍看起来，箕子的话未免有点小题大做，但细想起来，却不无道理。“富贵足以愚人，而贫贱足以立志”，纵观历史，凡是有所作为或是在某一方面有所成就的人，大都经过艰苦生活的磨炼。有的自幼丧父或失母，孤苦伶仃；有的生活贫困，衣食不周；有的出身寒门，备尝艰辛。由此看来，让孩子从小过过“粗茶淡饭”的生活，有利于培养他们良好的道德品质。而让孩子从小过锦衣美食的生活，吃不得一点苦，受不得半点罪，对于他们的成长是没有好处的。“自古雄才多磨难，从来纨绔少伟男”。

三国时的蜀帝刘备，少时贫寒，和母亲以贩鞋为业，亲身体验过人间苦难，所以有远大抱负，立志要干一番事业。他的儿子刘禅，由于从小生长在深宫，优越的环境使他养成了享乐的习惯。尽管刘备临终前嘱托诸葛亮严加教育，但刘禅还是经不住考验。魏军一到便屈膝投降，被押到洛阳后，司马昭封他为安乐公，竟闹出了“乐不思蜀”的笑话。在一次宴会上，司马昭故意让人演奏蜀国的乐曲，表演蜀地的歌舞，随刘禅一起去的文武官员听了后都难过得流泪，痛感亡国之耻，而作为蜀国后主的刘禅，却嬉笑自若。后来司马昭问刘禅：“你想不想你的故国蜀地啊？”他说：“在这里照样能快乐，我才不想哩。”司马昭嘲讽道：“像这样只知享乐的人，即使孔明活着，也不能帮他长久守住江山，

何况是姜维呢?”

那么怎样才能使子女养成克勤克俭，以艰苦朴素为荣的作风呢?

古代一些有志之士很注意运用疏导的方法，从思想教育上入手，反复耐心地给孩子讲清“成由勤俭破由奢”的道理，启发孩子的觉悟。在这方面，宋朝的司马光就做得比较好。当时，在统治阶级中流行着奢侈腐败的习气，京都城市，酒铺林立，喝酒成风，朝中大小官员，互相比吃比穿戴，“以奢靡为荣”。司马光在宋朝封建士大夫中，算是比较严肃简朴的一个。司马光对于生活在“以奢靡为荣”的社会环境中的儿子很担心，生怕他会沾染这种坏习气，为此，专门写了一篇“家训”给儿子司马康，教育他以俭朴为美。在这篇“家训”中，司马光先从自己的身世讲起：“我的家本来是贫寒的，世世代代以清白为家风。我生来不喜欢豪华奢侈。小时候，大人给一件装饰有金银的华丽服装，我穿上就觉得脸发烧。平时，穿的能够御寒，吃饭能够饱腹就行了，从不讲究。现在，许多人都以奢侈为荣，我却以俭朴为美。尽管有人笑话说这是顽固，我却不认为这是缺点。”接着他引用孔夫子的话，说明以俭朴为美的道理，批评了社会上一些人铺张浪费、夸富比阔的现象。然后，他又用本朝以俭朴著称的宰相张知白和另一奢侈宰相这正反两方面的典型，以及历史上“以俭立名，以侈自败”的许多事例，进一步阐述了俭与侈对人品德、事业上的影响。他引用古人的观点，论述说“俭则寡欲”，节俭就能无所贪求，严格约束自己，淡泊明志，立身报国，避免犯罪；“侈则多欲”，追求享受，就会贪得无厌，腐化堕落，招致祸患，身败名裂。只有克制贪婪欲望的人，才能“直道而行”，心地光明，襟怀坦荡。他还针砭时弊，特别讲明了“由俭入奢易，由奢返俭难”的道理，认为居高位者更不应该让家人子孙养成奢侈的坏习惯。否则，当你“去位”或“身亡”之后，子孙后代就很难站住脚了。就是用今天的眼光来衡量，司马光所阐述的“以俭朴为美”的观点，仍然是正确的。

除讲道理外，古人还很注意教诲子女认识创业之不易。

曹操为了不使儿子过多地追求物质生活上的享受，处处以身作则，注意节俭，日常穿的多是打了补丁的衣服；夫人卞氏在曹操当了魏王之后，仍然身穿

布衣，在油灯下纺纱织布，为孩子做好榜样。南朝开国皇帝刘裕，出身寒门，小时以耕地为业，兼做樵夫、渔夫，深知创业之难。当了皇帝之后，力主节俭。《宋书·本纪》中说他为了教育子孙后代不要贪图奢侈，特意保留了自己当年所居的阴室。把当农民时住过的小土屋和用过的农具照原样保留下来，以教育后代不要忘本。可悲的是，他的儿孙们却“见之，有惭色”。这些农具和小土屋，不但不能使他们受到教育，激励他们发愤图强，反而使他们为老子的出身寒微感到丢人。结果刘宋王朝只存在了五十多年，就被人推翻了。

把艰苦朴素作为“家风”而世代相传的典范，恐怕要算宋代的著名政治家、文学家范仲淹了。

范仲淹生活在民族矛盾和阶级矛盾异常尖锐的北宋中叶，满怀忧国忧民之心，为官正直清廉，崇尚节俭，以“先天下之忧而忧，后天下之乐而乐”作为自己的人生信条。他虽位居参知政事，却在生活上从不奢华。家里除了招待宾客亲朋，一般都不吃肉，常常用咸菜下饭。他要求儿女们在家时，穿同平民百姓一样的衣服，只有外出拜亲访友时才可换上较好的服装。他的二儿子范纯仁结婚时，新媳妇提出用美丽而贵重的绮罗做一床蚊帐，范仲淹听后生气地说：“我家素来以节俭为德，不能乱我家法，若敢带那样的蚊帐来，我就把它烧了！”他的儿子范纯仁、范纯礼，虽然先后在哲宗、徽宗时官至丞相，但都一直保持着艰苦朴素的家风。

据《宋人轶事汇编》记载，范纯仁的儿子范正平，到二十多里外的觉林寺听课时，穿着和农家孩子一样的衣服和破旧鞋子，大热天用破扇子当伞遮太阳，来回步行，别人都不知他是丞相家的公子。

当时人们评论说：“范氏自文公（范仲淹死后谥号为文正公），贵以清苦俭约著于世，子孙皆守其家法。”可见，范仲淹对子孙的一片苦心没有白费，他的后代能立志成才，有所作为，很重要的一条是因为传承了艰苦朴素的好传统。

八、教育子女不能倚仗权势

在奴隶社会和封建社会，“父贵子荣，子以父贵”，依靠家长吃饭这种现象是社会的一大弊病。那时叫作“荫”，大概是取大树下面好乘凉的意思。不仅帝王可以传位于子孙，就是文武臣将，到了一定的品级，子孙都享有承袭先辈官爵或谋求官职的特权。品级越高，谋求官职的后代的人数也就越多。在封建社会，不要说统治阶级中的那些权臣和贪官污吏，就是一些所谓的“贤臣良将”，也把为子女谋取特权当成天经地义的事。比如被称为良将的宋朝枢密使曹彬，临死时宋真宗去问他治国安邦的大计，曹彬念念不忘的是给儿子谋求个官位，向皇帝推荐说：“我的儿子曹璨、曹玮都很能干，可以胜任将军的职务。而曹玮比曹璨更好一些。我死以后，恳请皇上重用他们。”

这种“父贵子荫”的封建特权制度，使统治阶级的后代大都成为“位尊而无功，俸厚而无劳”的寄生虫、败家子。因为享有特权的贵族官僚子弟，知道有靠山，不愁衣食不愁官，根本就不把学业放在心上，怎么能成器呢？这种“父贵子荫”在历史上并不是个别现象。

在这种贵贱有别的封建社会里，有没有不利用职权谋私利，不让子女靠父辈吃饭的人呢？虽不多见，但也有这样的人。唐太宗时期的宰相魏徵就是一个。据历史记载，魏徵“少孤、落魄”，曾出家为道士，后参加过瓦岗军起义。他从小没有有权势的老子可以倚仗，到后来能官至宰相，全靠自己的刻苦努力，以博才多识、直言进谏而得到李世民的赏识。大概与自己的切身经历有关，他对“子以父贵”那一套不感兴趣。有一次，他奉命负责修改拟定“五礼”，因此有功，可以给他的一个儿子封爵位，这是许多士大夫求之不得的。可是魏徵却推辞不要，后来圣命难违，他便提出让皇帝把这个爵位封给他哥哥的儿子了。其实，封与不封都一样，只不过是挂了个空名而已，因为他的这个侄子已经死了。

要说真正对子女能从严要求，做到不利用职权为子女谋私利，主张让儿子走自力更生的道路的人，还是当推伟大的爱国英雄岳飞。岳飞有五子一女，按照宋朝当时规定的制度和岳飞的官位、功劳，岳飞是完全可以为子女们“补官”的。可岳飞从来不提这样的要求。一次，岳飞把朝廷按照制度的规定赐给自己儿子的官职，让给了遭奸臣陷害、死于岭南的爱国将士张所的儿子张宗本去顶。他的儿子岳云12岁时，岳飞就把他送到部下张宪的军中当一名普通的士兵，并要求张宪严加管教，使岳云同其他士兵一样同甘共苦，不能因他是元帅的儿子而给予特殊照顾。有一次，因岳云矮小，披挂上很笨重的铠甲，骑马练习下坡，因马被绊倒而摔了下来。岳飞认为这是因为平时没有严格训练的缘故，严厉喝道：“大敌临前，你却这样！”命令推出去斩首。后经部将再三说情，才免了死罪，打了一百军棍以示惩罚。由于岳飞的严格管教，岳云的武艺提高很快，成了一名骁将。有一次，岳云在战场上冲锋陷阵，立下了汗马功劳，经另一个领兵的大将张浚向皇上推荐，皇上下了一个谕旨，将岳云破格提拔，连升三级，授予武略大夫的官职。对此，岳飞深感不安，连上了两道奏折恳辞。他说：“前几次战斗中，士卒冒着危险，不顾生死的拼杀，我上报后才晋升一级，而我的儿子本应该从严要求，怎么能连升三级呢？”在岳飞的一再恳求下，朝廷同意了他的要求。事实证明，岳飞这种让孩子“自力更生”的做法是正确的，也是英明的。他的儿子岳云成了名垂青史的青年爱国将领；其他几个子女在岳飞遇害之后，身处艰难逆境而不失志，奋发有为。在孙子辈中也出了岳珂这样著名的学者。

封建的世袭特权思想，最容易使一些官宦家子弟滋长优越感，他们既无真才实学，又不知天高地厚，自恃高贵，盛气凌人。对于这一点，唐朝一个叫作柳玭的官员发表过很好的见解。柳玭出生于世代高官贵族之家，曾担任御史大夫等职务。他依据自己的切身经验，深感富贵人家最大的缺点就是自认为高人一等。为此，他专门写了一篇《诫子弟书》，劝告儿子们不要因为有个当官的老子骄傲自大。这样一来，即使有点真才实学，别人也不太相信，有了毛病和过错，众人看得很清楚，所以千万不能有恃无恐，目中无人。他总结了一些官宦

人家子弟最容易犯的毛病，如贪图安逸，妄自菲薄；不读书，没有多少真才实学，却喜欢夸夸其谈；爱讨好有权势的人，喜欢那些巴结自己的人。指出要改掉这些毛病，就要加强学习和修养，在德行方面严格要求自己，这样才不至于身败名裂。

在古代，也有一些比较明智的封建士大夫，为了不使子女心生优越感，还注意教育子女破除特权等级观念，尊重劳动人民，以平等的态度对待所谓的“下等人”。像前面提到的郑板桥所写的家书中，就有教育子女平等待人的话。话是这样说的：“家人儿女，总是天地间一般人，当一般爱惜，不可使吾儿凌虐他。”晋朝的陶渊明，也很注意这个问题。当他被任命为江西彭泽县令，走马上任时，只身一人，不带家眷。临行时，对儿子说：“我不在家，你们要勤快一些，不要懒惰奢侈，光让用人干活，自己图清闲。用人也是父母所养，只不过是为生活贫困所迫，到咱家当佣仆，你们对他们要尊重，不可随便虐待。”

在等级森严的封建社会里，像陶渊明这样教育子女破除“唯上智与下愚不移”的传统观念，可以说是少有的。在古代父母尚且教育子女不倚仗权势，更何况是在 21 世纪的今天，我们更应教育子女不依靠自己家庭显赫的背景，应该自力更生，这样才能使优良的传统代代相传。

九、父母不应隐瞒子女的错误与缺点

在我国封建社会里，儿女对于父母的缺点过失是不能讲的。父母说的话、做的事，当儿女的只能服从，不能驳回，不能批评，明知是错的，也要为其隐瞒，叫作“子为父隐”。否则，就是不孝。同样，父母对于儿女的缺点和过失，也包庇袒护，叫作“父为子隐”，就连孔子也支持这样的主张，他说：“父为子隐，子为父隐，直在其中矣。”照他的看法，父子相互袒护错误，包庇过失，不但没错，而且是高尚的道德，应该提倡。可事实上这种说法是错误的。因为袒护包庇的结果是使小错发展成大错，到头来只会坑害了子女或父母。不管是谁犯了错误，旁边的人都要及时地纠正过来，尤其是父母对于子女所犯的错误更应该及时纠正，等到小错铸成大错时再纠正就晚了，因为子女尚处于成长过程中，身心都不很成熟，是需要父母给予帮助纠正错误的，“旁观者清，当局者迷”，当子女犯了错误时，自己本身也许并不知道错在哪里，更无从去改正，所以需要父母给予正确的引导，去修正他们的缺点，才能使孩子走上正确之路。

汉武帝时曾任丞相的公孙贺就吃了这样的亏。公孙贺本来是有本事的人，“熟悉文法吏治”，深受皇帝器重。可对待犯罪的儿子，却采取了“父为子隐”的做法。他的儿子公孙敬声小时候行为放荡、贪财爱宝，见了好吃好玩的东西就想独占。公孙贺明明看到儿子有这个毛病，却不加以责备教训，而是一味放纵。公孙敬声长大当了官后，经常公私不分，把公物占为己有，公孙贺也是加以庇护，从不追究。后来当上太仆的公孙敬声胆子越来越大，发展到贪污军费，在这种情况下，作为父亲的公孙贺总应该引以为戒了吧，可他却千方百计为儿子开脱罪责。因案情重大，证据确凿，找不到借口，他就想找个立功的机会给儿子赎罪。恰好这时，皇帝命人搜捕阳凌大侠朱安世，公孙贺便自告奋勇去完成这个任务。不料朱安世被捕入狱后，给汉武帝上书，揭发出公孙敬声不仅有

贪污问题，而且还与阳石公主私通，在背后诽谤朝廷等问题，并说公孙贺知情不报，纵容儿子作恶多端。这下子，汉武帝大怒，将公孙贺一并革职下狱，诛杀了他全家。

知子莫若父母。一般说来，孩子的性格、习惯、优点和缺点，当父母的是最清楚的。尤其是缺点，在别人面前不肯暴露的，在父母面前是很容易暴露的。对于孩子的缺点，不能仅仅满足于知道，还应该采取不隐瞒、不护短的正确态度。《史记》上有一个“赵母进谏”的故事，就很能给人启发。战国时期，赵国有个很能打仗的将军，名叫赵奢。赵奢的儿子赵括，自幼跟父亲读了不少兵书，谈起用兵的道理滔滔不绝，即使赵奢也难不倒他，因此自以为是，常常在人面前炫耀自己。但赵奢深知儿子没有带过兵，缺乏实际的锻炼，临死前就对妻子说：“别看咱儿子能讲一套兵书，可当不了大将军。打仗是件严肃的事情，也是一门高深的学问，哪有像他说的那么容易。如果让赵括当大将领兵的话，搞垮赵国军队的一定是他。”

在赵奢死后不久，秦国出兵攻赵，两国军队在长平摆开大战的阵势。赵孝成王任命赵括为上将，取代了廉颇，指挥四十万大军去抵抗秦军。赵母知道这件事后，问儿子：“你为什么不推辞王命呢？”赵括自鸣得意地说：“朝中再也没有比我强的人了，我不为将谁为将？”赵母记着生前丈夫叮咛的话，也知道自己儿子的毛病，便急忙向赵孝成王上书进谏说：“不要任命我的儿子为大将军。”赵孝成王问她：“为什么？”赵母回答说：“一是他没有实际作战的本领，二是他骄傲自大。他父亲当年为将时，大王赏赐给他的东西从来不私留，全部分给士兵。领兵出征之日，成天住在军营，从不问家事。现在我的儿子赵括刚一当上将军，就趾高气扬，手下的士兵不敢仰视其面。大王赏赐给他的金银绸缎，全拿回藏在家中，还四处钻营，购置便宜的田地房产。赵括和他的父亲完

全是两个样子，不是个领兵为将的材料，大王还是另选良将吧。”

可是赵王固执己见，还是坚持让赵括为将。结果这个只会生搬硬套兵书的赵括，一上前线，就改变了廉颇筑营坚守的战略，盲目指挥士兵出击，结果中了秦军的埋伏，全军覆灭，他本人也被乱箭射死。对这件事情，后人在嘲讽赵括只会“纸上谈兵”的同时，也赞扬了赵括的父母知其子短、不为子隐的明智态度。

三国时诸葛亮的哥哥诸葛瑾，也是个不隐瞒不庇护自己孩子缺点的人。他的儿子诸葛恪，从小好学，聪明能干，在当时很有名气，但是有一个致命的缺点，就是爱听赞扬话，好大喜功，听不进去意见。

尽管诸葛瑾经常给他指出这个毛病，可他总改不了，在父亲面前，有时收敛一点，过后又旧病复发。后来经大臣孙竣的推荐，孙权招用诸葛恪为太子太傅。临行前，知道他为人的大司马吕岱告诫说：“世方多难，你进宫后，要谦虚谨慎，每遇事必十思而后行！”诸葛恪听了此话觉得怪不入耳，很不高兴地说：“古时候的季文子主张三思而后行，孔夫子讲再思就可以了，你今日却让我十思，分明是看不起我！”吕岱一看他这么骄傲，也不好再劝了。他父亲诸葛瑾更是为这个刚愎自用、听不进批评意见的儿子感到担忧，常对家里人和亲戚朋友们说：“我的儿子太骄傲了，非保家之子。”到后来，当了太子太傅兼大将军的诸葛恪果然因骄傲自负、专国政，得罪了不少文武大臣，结怨甚多，被皇族孙峻所杀。

在古代，尽管有像赵奢夫妇和诸葛瑾这样能知子之短，不为子隐的严父、慈母，可往往无力挽救他们那些走上错误道路的子弟。而像赵括、诸葛恪那样的一些骄子，连他们的父母都信不过他们，往往却得到最高统治者的重用，这不能不说是当时社会的弊病。对此，连一些封建士大夫也心怀不满。对子女的过错和缺点不姑息迁就，不听一面之词，这也算是一种“不为子隐”的具体表现。而在那种“父贵子荣”“子仗父势”的社会环境中，能做到这一点的确是值得称赞的。唐代名臣、洛阳王郭子仪在河中时，规定了一条军纪，禁止马匹踩踏农民的田地，违反者处以死刑。可是偏偏有一天，郭子仪的爱妻南阳夫人

最宠信的一个奶妈的儿子却违反了这条军纪，被郭子仪手下的一名军官发现后，按律处决了。这下子，南阳夫人生气了，从小吃这个乳母奶的几个儿子发怒了，都跪在郭子仪面前哭着告状，说这个军官太不像话了，连他们乳母的面子都不顾，根本不把他们郭家的人放在眼里，还添油加醋地说了一些这个军官的坏话，主张惩办。郭子仪一听，把儿子们大骂了一顿，训诫道："你们不奖赏这个秉公执法的军官，反倒来告他的状，只知袒护自己家里的人，就不知道敬重将士，维护军纪，保护百姓庄田？真是些没有出息的人！"儿子们一看父亲不偏向自己，也就不敢加罪于那个军官了。为了以此为戒，进一步教育家人和部下，到了第二天，郭子仪还有意把这件事情公之于众，表扬那个军官做得对，并当众宣布了自己儿子徇私的错误，部属都很受感动。

为人父母，一方面对自己儿女的缺点、错误要正视，不要袒护；另一方面，对他们也不应苛求，能允许其有一个认识错误和改正错误的过程。人人都会犯错误，俗话说得好"金无足赤，人无完人"，犯错误并不可怕，重要的是能认识到自己犯了什么错误并能及时地改正它，这样才能使子女进步，更加成熟与完善，才能成为有用之才。

父不为子隐，不掩饰子女的缺点过错，一般来说还是比较容易做到的。而当子女触犯了法律，甚至要杀掉脑袋时，做父母的应采取什么态度，这的确是个事关重大的问题。

在奴隶社会和封建社会里，秉公执法的最大困难来自于统治阶级内部。表面上说"王子犯法，与庶民同罪"，但实际上是"刑不上大夫"。在那时，平民百姓的子女犯了法，纵然父母想庇护也没有机会，因为国家机器全部掌握在奴隶主阶级和封建地主阶级手里，对处于统治阶级地位的豪门贵族子女来说，法律往往是不起作用的。这里举个例子来说明：唐景龙年间（707—710 年），中宗李显的几个女儿，常常纵容自己的家丁奴仆抢劫老百姓的钱财，触犯了法律。当时的左右御史袁从之是个比较公正廉洁的检察官，便依法将这些恶奴拘捕入狱，准备判刑。这下子，皇帝的女儿们火了，认为这样做有伤皇家子女的"尊严"，便到父亲面前说情。糊涂的中宗皇帝为了女儿的颜面，早把国法置于脑后，尽管袁从之苦苦劝谏，他也听不进去，

硬是下令把女儿家的奴仆放了。在那种社会环境中，不要说封建地主阶级的最高统治者皇帝了，就是地方上一些官宦子弟犯了法，也是"官官相护""为亲者隐"，该问罪的不问，该严惩的轻判。封建的法典制度上，就有专为官宦人家实行庇护的诸如"官当""八议"之类的明文规定。

当然，凡事都不是绝对的，万事都有它的两面性。在封建阶级统治内部，也有一些有头脑、有远见的官吏，出于维护封建阶级的统治地位和缓解阶级矛盾的需要，在对待亲属子女问题上，能够"忍所私以行大义"，坚持按法律办事。《吕氏春秋》中记载着这样一个故事：春秋时期，有个叫腹𦍒的大臣，他的儿子在外面杀了人。当时朝中有两种意见，平时跟腹𦍒不和的人幸灾乐祸，说："哼！他只有这么一个宝贝儿子，这次看他怎么办！"另外一些大臣则替他担忧，在秦惠王面前为他求情。秦惠王平时很器重腹𦍒，又见他年老，只有一个儿子，心想要是斩了这个儿子，腹𦍒一定会伤心得不得了，于是当着许多大臣的面对腹𦍒说："你年纪大了，又没有别的儿子继后，我已经下了命令，免你儿子的死罪，你就放心吧。"腹𦍒听到这话以后，差点掉了泪，觉得秦惠王不了解他的心，便回答说："大王啊，国家定的法律，人人应当遵守。杀人的要偿命，才能警示别人不能随便杀人。大王为了照顾我而免了我儿子的罪，以后对别的杀人犯应该怎么办啊？我感谢你的好意，可不能为私情而不顾法律，还是请大王赶快下令把我的儿子处死吧。"旁边的大臣都觉得这个年老的腹𦍒太固执了，就说："难道你不爱儿子吗？"腹𦍒说："怎能不爱呢。可是被我儿子杀死的那个人也是别人的儿子啊！我要是不依照法律办事，怎能对得起别人的父母呢？"秦惠王见他说得有理，就下令把他的儿子杀了。

王子犯了法，有没有实行"与庶民同罪"的呢？尽管这种现象很少，但是也的确有。汉武帝刘彻就非常注意从自身做起，维护国法的严肃性。据史载，汉武帝的妹妹隆虑公主年岁很大时才生了个宝贝儿子，称昭平君。昭平君小时受娇宠，长大后横行霸道，狐假虎威，干尽了坏事。隆虑公主病危时，担心儿子将来会犯死罪，便想出一个以钱赎罪的方法，对自己的哥哥汉武帝说："陛

下，我欲以黄金千斤，钱一千万为昭平君赎死罪。以后他若犯了法，请你开恩，不要问罪。”隆虑公主病故后，昭平君更是无所顾忌，胡作非为，在一次喝酒时行凶杀人，被收押在内宫监狱。因为是皇上的外甥，主管官员不敢做主，奏请汉武帝处理。汉武帝想到妹妹临死前的嘱托，心里觉得不忍。那些喜好阿谀奉承的大臣也纷纷劝说汉武帝免了他的死罪。汉武帝经过激烈的思想斗争之后，终于下定决心判了昭平君的死罪。他说：“法律是朝廷制定的，如果我徇私情，那我怎么号令天下万民？还有什么颜面进高祖庙！”

“可怜天下父母心”，天下的父母没有不爱自己的孩子的，古往今来，每一个父母都寄希望于自己的孩子。“望子成龙”这个成语，就能够形象地概括天下的“父母心”。

“龙”，历来是炎黄子孙所崇拜的图腾，一直被人看作是高贵的象征，所以，历代的封建帝王都自称是“真龙天子”。在以等级制度为重要特征的古代奴隶社会和封建社会里，人们望子成龙，就是希望孩子能走上“仕途”，能够金榜题名，成为达官贵人，以此来光宗耀祖。望子成龙，人之常情。但“望子成龙”不如“教子成龙”。从小就在家庭中对孩子进行良好的教育，不但有利于孩子成功，而且家长也能跟着进步，在教子问题上，有人相信那种“龙生龙，凤生凤，老鼠的儿子会打洞”的宿命论，认为只要生活在好的家庭环境里，不教也能成“龙”，认为“将门出虎子”。其实。能不能出“虎子”，能不能成“龙”，关键不在于是不是“将门”，而在于教育。光有“望子成龙”之心而失教不行，依靠优越的家庭条件任其自然发展也不行，正确的态度应当是“望”中有“教”，“望”“教”结合。希望与教育结合起来，在对孩子充满希望的基础上教育孩子，才能达到预期的教育效果。

在古代的家庭教育中，有一些落后的思想存在，但是它对于学校教育的发展起着重要的借鉴作用，推动了学校教育建设的进程，甚至对于处于 21 世纪的我们都有很大的启发作用。中国古代家庭教育在历史这个大舞台上扮演着一个重要的角色，在历史上具有不可取代的地位。

私塾

“私塾”是今天许多人非常熟悉的词汇。只要是接受过中学教育的人，大多会对鲁迅笔下那略带恐怖意味的“三味书屋”产生好感。一个古板的老先生，一群扯着嗓子大叫的学童，还有一把类似达摩克利斯之剑的戒尺，这就构成了描述“私塾”的形象画面。不过，当文学描写上升为抽象学术研究时，人们发现要给“私塾”清晰定义非常困难。

一、私塾的名称

关于“私塾”一词，东汉许慎在《说文解字》中说：“塾，门侧堂也。”《尔雅·释宫》曰：“门之侧谓之塾。”可见“塾”是古时门东西两侧的堂屋，后演变为旧时民间教读的地方。《辞海》中解释云：“私塾，中国旧时私人办理的学校，为‘私学’之一种，有塾师自设的学馆，有地主、商人设立的家塾，也有以祠堂、庙宇的地租收入或私人捐款举办的义塾（义塾免交学费或交一半学费）。” 西晋崔豹《古今注·都邑》解释更详细：“塾，门外舍也。臣来朝君，至门外，当应就舍更衣，熟详所应对之事，塾之言熟也。”在教育学意义上使用的“塾”字见于《礼记·学记》：“古之教者，家有塾，党有庠，术有序，国有学。”这样直接以“私塾”泛称一切非官方所设教育机构，在古籍中实不多见。直到中国近代西学渐进，学堂林立，为区别新式学堂才把非官方的教育机构称为“私塾”。

“私塾”是今天许多人非常熟悉的词汇。只要是接受过中学教育的人，大多会对鲁迅笔下那略带恐怖意味的“三味书屋”产生好感。一个古板的老先生，一群扯着嗓子大叫的学童，还有一把类似达摩克利斯之剑的戒尺，这就构成了描述“私塾”的形象画面。不过，当文学描写上升为抽象学术研究时，人们发现要给“私塾”清晰定义非常困难。之所以如此，是因为私塾的种类复杂，名称不一，范围广泛。

按照施教程度，人们把私塾分成蒙馆和经馆两类。蒙馆的学生都是儿童，重在识字；经馆的学生以成年人为主，大多忙于举业。蒙馆又称“书馆”，教师称为“书师”，有专职的也有兼职的。书馆的教学一般分为两段，也有分三段的。第一段为“蒙学”，以识字为主，使用的教材是字书。第二段学习《论语》《孝经》，接受封建道德教育。第一段学生 8 岁入学，相当于现在的小学教育；第二段，有的人认为是小学教育，有的人认为是中学教育。蒙学结束后，学生便可“得试为吏”，或进入更高层次的

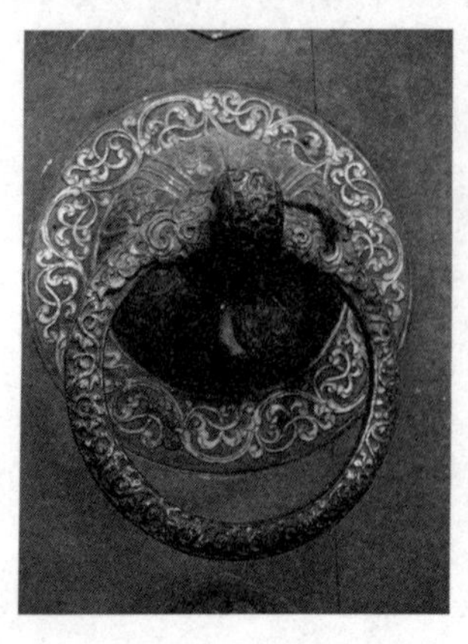

阶段学习。经馆也是很盛行的一种私人办学形式，是高层次——大学教育阶段。尤以东汉为甚，学生人数远远超过了太学。究其原因，一是官学数量有限，入学资格审查较严；二是官学不如私学灵活，不及私人办学那样严肃认真；三是社会动荡不安，政治斗争复杂，名儒不愿为仕而退为授徒，著书立说；四是教学内容与官学一致，学成之后同样可以入仕，不妨碍前程。

根据私塾的设置情况，清末学部把私塾分为义塾、族塾、家塾和自设馆。义塾也称“义学”“义馆”，是专为民间孤寒子弟设立的教育机构。义塾或为地方善举、或为个人捐资、或社团祠堂出面创设，一般都有一定基金（主要是土地、房屋收租）支持。有属于社团组织的、有属于宗法组织的、有属于民族组织的、也有纯民间性的公益事业。义塾带有免费教育的性质，以出身清贫家庭的子弟作为施教对象。“义塾”一般不交学费，或交半费。在近代西方学校教育制度引入中国之前，儿童能够入学的，都在私塾读书。《红楼梦》第九回写道：“原来这义学也离家不远，原系当日始祖所立，恐族中子弟有力不能延师者，即入此中读书。凡族中为官者皆有帮助银两，以为学中膏火之费；举年高有德之人为塾师。”这便是义塾。

族塾往往设在宗祠内，不招收外姓儿童。族塾依靠族产支撑，属于宗族内部办学。几家凑起来请一个先生，设一个馆。如吴敬梓《儒林外史》第二回《王孝廉村学识同科，周蒙师暮年登上第》中写“汶上县薛家集要请一个先生，就是这观音庵里做个学堂，因为有好几家孩子要上学”。后来请了老童生周进在观音庵立书房教授蒙童，这便是“族塾”。著名爱国人士闻一多就在闻氏的族塾读书，自幼家穷，因为天资聪慧，备受族人爱护，免去费用。那里只收闻姓子弟，塾师的费用由族里承担。

富家大户聘请名师宿儒在家专门教授自己的子女，这种私塾称为家塾。《红楼梦》第二回写贾雨村“偶遇两个旧友认得新盐政，知他正要请一西席（“西席”即家塾的教师或慕友）教训女儿，遂将雨村荐进衙门去”，教黛玉读书，这便是典型的家塾教育。同回贾雨村向冷子兴道：“去岁我在金陵，也曾

有人荐我到甄府处馆，我进去看其光景，谁知他家那等荣贵，却是个难得之馆。”这是甄府请贾雨村到家中教甄宝玉读书而设的家塾。

由私塾先生在自己家中开的馆叫自设馆，是私塾中最多见的一种形式。塾师家的厢房，只要比较宽敞，即可作为教室。如果空间不够，可扩张到过道、屋檐下，也可以另租地点或在庙宇的空房间设馆。自设馆是塾师自行设馆招生的私塾，不拘姓氏。过去，私塾多为蒙学程度，很多无业无官，未能中举而又有文化的知识分子以自己家为私塾“校舍”，或租借公用的场所，如寺庙、会馆等，安排个书房教学，自家便是塾师。此类私塾称自设馆。小孩到一定年龄，就该“发蒙”了，“发蒙”是件十分严肃的事情，家长往往要在小孩满4周岁，再过四个月又四天就送去读书。“四”和“是”谐音，据说到了四年四月四日“发蒙”，儿童会更聪明，也更会读书。当然得事先取得塾师同意。旧时蒙童入塾不必经过考试。择定吉日（一般在每年正月十五以后），塾师便于塾馆大门张贴大红告示，称将于何月何日开馆。家中有儿童的父兄便纷纷前来接洽，面议“修金”，说明分三节（端午、中秋、春节）致送。

就私塾的范围来说，包括兴起于春秋战国时期的私学和宋元时期的书院。就私塾的性质来讲，有私立的和公立的，“私”并不是完全的私立，上文提到的族塾和义塾就有公立的性质。在兴办官学和国学的过程中，有时民间力量更大。其实许多官办事业因为财政及管理原因无法兑现，因此官办事业转为民办事业是清代的一般趋势，学校当是较有代表性的一种。

私塾的名称不一，古人称私塾为蒙馆、学塾、教馆、书房、书屋、乡塾、家塾等等，清末学部把私塾分为义塾、族塾、家塾和自设馆。在古籍中，看不见“私塾”一词，在1905年以后，清廷废科举，兴办新式学堂，为了区别中国旧式学塾和新式学堂，才称旧式学塾为私塾。

二、私塾的起源和发展

人们一般都认为孔子在家乡曲阜开办的私学即是私塾，因为随着经济基础的变革，上层建筑也随之发生了急剧的变化，文化教育方面主要表现为官学衰落，私学兴起。据说孔子是第一个有名的大塾师。

追根溯源，私塾是从更早的塾发展过来的。西周时期，塾只是乡学中传统私塾在历史变迁中的一种形式。《学记》追述西周的学制说：“古之教者，家有塾、党有庠、术有序、国有学。”当时，学在官府，官师合一，塾的主持人是年老告归的官员，负责在地方推行教化。最早关于塾的记载不是出自《尚书》，而是出自商代甲骨文。在殷墟出土的卜辞中，有多处提到了塾。塾在卜辞中作“孰”，两个字旁为上下结构。不过，商代的塾不是教育儿童的场所，而是宫门侧之堂。于是私塾就从那时起，登上了中国文化发展的历史舞台。

中国传统文化的传承没有中断，长期扮演强势文化的角色，兼之私塾教育的政治、经济基础在古代少有变动，多种因素决定了古代私塾办学的面貌变化不大。历代帝王都把教育儿童看成是家长自己的责任，对蒙学只是略加提倡、引导而已。官府从不干预私塾办学，任凭私塾在民间自由发展。《三字经》《百家姓》《千字文》分别成书于南宋、五代、南朝，它们在流传的过程中逐渐得到社会的认可，成为明清两代最常见的儿童识字用书。《论语》《孟子》属于经典读物，这时，也变成蒙学教材的一部分。私塾历来实行个别教学，塾师根据学生的学习基础、接受能力安排课业，体现了因材施教的原则。私塾对学生背书的要求特别高，背书是私塾学生的主要活动。私塾在扫除文盲和传承中国传统文化方面，起到了不可替代的作用。私塾是私学的一种，既然查不到私塾的历史资料，那么我们可以研究一下私学的起源、发展和衰落的全过程。

先秦时期，孔子只是诸子百家之一，儒家思想没有被当作治国的工具。中国古代私学始于春秋时期。由于生产和政治斗争的需要，没落的贵族官学全面崩溃。作为一种新兴社会群体的“士”阶层应运而生，新的教育组织机构——

私学兴起并初步繁荣。“学在四夷”说明春秋末期私学已存在于各地。史书记载，孔子兴办私学，“聚徒成群”，他的言论很有号召力，对社会影响很大。战国之时，私人讲学之风大盛。养士之风盛行和百家争鸣局面的出现，促进了私学的繁荣。当时对教育发展影响较大的四家学派有儒、墨、道、法，但最有名的是儒、墨两家，当时号称“显学”。战国中晚期，齐国在私学广泛发展的基础上建立起“稷下学宫”，它既是战国百家争鸣的中心与缩影，也是当时教育上的一次创新，对中国古代学术、文化和教育的发展，产生了重大的历史影响。

至汉代，随着社会形势的变化，汉武帝采纳董仲舒的建议，实行“罢黜百家，独尊儒术”的文教政策，儒家思想被封建帝王定为一尊，成为重要的社会统治思想。以传递儒家文化为己任的私塾从此在社会上站稳了脚跟，虽历经战乱但仍绵延不绝。私学按其程度可分为书馆和经馆两类。书馆又称“书社”或“学馆”，以启蒙教育为主，先教识字和一些教学常识，其用书《仓颉篇》《急就篇》，再进行读写训练，注重培养学生的思想观念和伦理道德，此方面教材主要使用《论语》《孝经》及《尔雅》。经馆又称“精舍火精庐”等，是较书馆更高一级的私学，事实上是一些著名学者聚徒讲学的场所。其中程度较高的可与太学相比。经馆一般由当时精通儒学的名家所建，一些经师鸿儒，如董仲舒、郑玄都是两汉著名的私学大师，所教授的弟子成百上千，其讲学已初具学术讨论与研究性质。魏晋南北朝时期，官学兴废无常，而私学却相当兴盛。尤其在南北朝时期，不仅有儒家私学，还出现了佛家私学、道家私学和儒、道、佛、玄各家兼备私学。此时各家聚徒讲学，常有几百人乃至几千人听讲。

隋唐时期，科举制度的出现推动了私塾的发展。当时，科举考试主要是围绕儒家经典“五经”展开的。官学兴盛，私学也随之发达。隋朝的大儒王通，从小精研儒家经典，20 岁就开始从事私人讲学和著述。他的学生很多，往来受业者近千人，其中不少人成为隋唐时期有影响的人物。如刘焯“优游乡里，专以教授著述为务，孜孜不倦”。与刘焯齐名的刘炫，也曾在家以教授为务。还有众多硕学鸿儒都曾立私学，教生徒，以此为业。唐朝的韩愈、柳宗元等都曾在私学中教授学生。许多博学大师甚至开学馆、设书院，以招收生徒讲授知识为业。

宋代私学教育和启蒙教育都得以充分发展。经过北宋三次兴学，南宋官学多有名无实，科举考试弊端丛生，引起许多学生的不满，纷纷致力于私学。这一时期的蒙学教材既继承了历代教材的优良传统又有新的发展，对后代有深远影响。宋明理学家注重对儿童进行伦理教育，并制订乡规民约，推行社会教化活动。宋明理学的兴起，促成了族塾义学的兴盛。

辽、宋、元时期私学也十分活跃。其原因是统治阶层发生了不同民族的更迭，各民族都迫切需要加速培养本民族的学术人才，而战乱的频繁，使得官学远远不能满足这种需要，私学因此得以兴盛起来，其形式有私塾、家塾、经馆、家学等。明清时代的私学，继宋、元以后仍兴盛不衰，形式上也没有什么区别。另外，值得一提的是唐末以后的私学中产生了一批书院，书院在宋代得到发展后开始向官学转化，这是私学在中国历史上的贡献之一。

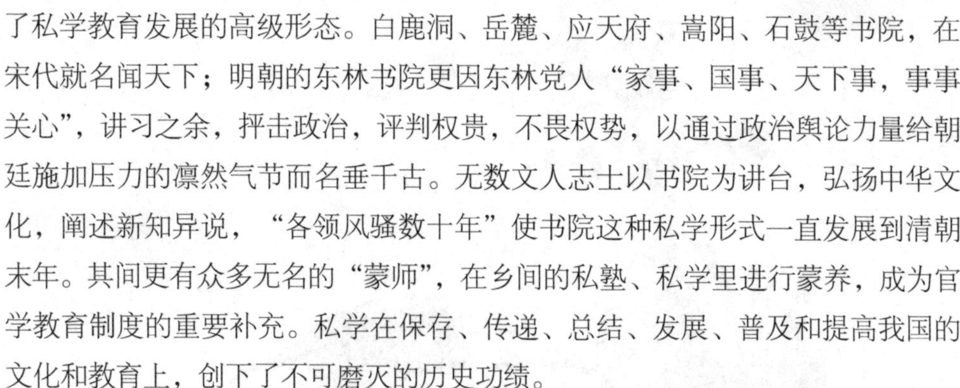

从孔子私学，稷下学宫，汉朝的书馆、经馆，发展到唐末产生了书院的萌芽，并在宋代形成完善的书院制度，达到了私学教育发展的高级形态。白鹿洞、岳麓、应天府、嵩阳、石鼓等书院，在宋代就名闻天下；明朝的东林书院更因东林党人“家事、国事、天下事，事事关心”，讲习之余，抨击政治，评判权贵，不畏权势，以通过政治舆论力量给朝廷施加压力的凛然气节而名垂千古。无数文人志士以书院为讲台，弘扬中华文化，阐述新知异说，“各领风骚数十年”使书院这种私学形式一直发展到清朝末年。其间更有众多无名的“蒙师”，在乡间的私塾、私学里进行蒙养，成为官学教育制度的重要补充。私学在保存、传递、总结、发展、普及和提高我国的文化和教育上，创下了不可磨灭的历史功绩。

私塾的长期存在，很大程度上是中国的小农经济为其提供了经济基础，也正是由于商品经济席卷中国大地，小农经济破产，私塾才失去了它赖以生存的基础，导致它在中国近代消失了。以西方科学知识为主的教育取代了传统儒家教育。这是一个传统与近代互动的过程，一个妥协与创造并存的过程，因为传统和现代是不能割裂的。在学校不能普及，学龄儿童入学率低的情况下，作为

教育工具，私塾仍然有其生命力。正是由于新旧两极之间的过渡地带相当广阔，新式教育不能骤然取代旧式教育，私塾也就在很长一段时间内仍然有其存在的价值。私塾多存在于农村，而这类地区在近代始终没有一个与外界畅通无阻的沟通渠道，以至政府虽颁布了许多改良私塾的法令，却难以在此彻底贯彻实行。加之旧中国战争不断，灾害频生，家长为了保障孩子能够接受教育，选择把孩子送入私塾。中国农村经济是小农生产，需要大量的劳动力，子女在私塾读书则比较方便。而且同新式教育相比，私塾收费低廉而灵活，关注学生天赋，培养学生兴趣，注重探讨教学方式，也不论学生出身背景和家庭贫富，学以致用，求精求专，不搞文凭教育。

对于传递文化、培养人才，私塾在古代曾经做出过重大贡献，它适应了古代社会的需要。但是，到了近代，私塾与社会发展的要求出现了距离，因此，私塾受到社会的质疑。提倡新式教育的人士指责私塾不开设算术、历史、地理，知识覆盖面过窄；教材长期不变，知识老化问题严重。显然，中国要想摆脱被动挨打的局面，不得不发展近代新式教育。

历经清末、民国私塾的改革，对教育内容和塾师的改革，一部分私塾变为小学，一部分则被淘汰。然而在改革开放和市场经济飞速发展的今天，私塾悄然兴起，下面从几个方面来论述私塾的特点。

三、私塾教学的特点

私塾的教育目的明确。家长送孩子来，老师首先就问："你打算让孩子将来干哪行？"多数家长答复："能识几个字，不当睁眼瞎就行。"也有的说："能扒个算盘珠子，记个豆腐油盐账，做个买卖人就好。"这就是识字记账的低层次类。有的家长想让孩子喝点墨水，将来能干点文墨之类的事，这是搞文秘工作的中层次类。再一种是希望孩子读些经史古籍，能诗会文，做个有学问的人，这属于正统的读经求学，做博学有识的人。这是人数较少的高层次类。塾师讲究授业定向，根据家长的不同要求，确定不同的教学内容。类似现代教育中的定向教育。

（一）尊师择师的私塾教育

中国古代诗礼之家的宾客中，最尊贵的一种就是"西宾"。西宾即塾师。

记得一位得道高僧讲过他拜师的过程，父亲要带着儿子对老师行三拜九叩的大礼，以示对老师的尊重。尊师乃我国私塾教育的一大特点，也是古往今来中国传统美德之一。《红楼梦》中，林黛玉的塾师贾雨村，求林如海介绍他去结识贾府时，林如海回答说："因向蒙教训之恩，未经酬报，遇此机会岂有不尽心图报之理。"足见林如海对他的尊重，完全以自家人待他，以诚以礼相待。《红楼梦》第八十一回，贾政带着贾宝玉到学堂去拜见塾师贾代儒，贾代儒站起身时，贾政早已走入，向贾代儒请了安，宝玉也过来请了安。贾政站着，请贾代儒坐了，然后坐下。贾政道："我今日自己送他来，因要求托一番。"说毕站了起来，又作了一个揖。贾政对贾代儒这样的小人物如此恭恭敬敬地行礼作揖，足以证明当时塾师是很受人尊敬的。当时私塾的先生，大抵比较年长并极具尊严，这是塾师的特点。没有尊严，固然不像个老师，不老也不像，因而必举年高有德之人为塾师。这大概也是尊师的一个原因吧。另外私塾中"师不宜轻换"，贾宝玉的塾师一直由贾代儒担任大概就是这个原因。当时的豪门，请来教书的先生一般都是学问好、教授得法而受到器重、尊敬，成为关系密切的门下客。不但要教学生，而且往往要陪老爷谈文论诗。林黛玉的老师贾雨村

在林如海的盐政衙门中，就有“陪伴”林如海的义务。

蒙学是私塾的主要内容，政府不对其进行干预。同时宗族一直是支持私塾发展的主要财政力量。西周以前学在官府，自春秋孔子首开私人讲学之风后，战国、秦汉私学大盛，成为中国封建时代学校制度的重要组成部分。地方教育在书院以下，未设官办学校，蒙学的教育主要由私塾来承担，这是中国封建教育的另一个重要特点。

私塾寓道德教育于教学过程之中，私塾中一般没有干巴巴的道德说教，大都不会脱离具体的教学内容大谈道德理论，而是将思想品德教育置于具体的知识传授过程之中，使学生既接受了文化知识，又受到了道德熏陶，做到知识、道德教育兼顾。将道德品质教育融入文化知识教学，往往事半功倍。近代私塾塾师给学生选讲《国殇》、《正气歌》、《过零丁洋》和戚继光平倭的故事，还向学生讲授伟大祖国的历史文化遗产和几千年辉煌历史，潜移默化地在学生心中播下爱国的种子。私塾从教学内容到教学方法大都体现了因材施教。一位教育家曾经说过，真正进行了因材施教，才算实施了教育。私塾实施的是个别教育，个别教育与因材施教有着千丝万缕的联系，由个别教育到因材施教只有一步之遥，有经验的塾师在对学生进行个别指导时，往往能根据学生的不同情况采取不同的指导方法。因材施教在私塾得到较充分的体现。从教学内容上看，因学生年龄不同，所学内容则各异，程度和难度也不同。4—9岁，所学的主要内容为《三字经》、《百家姓》、《千字文》、《四言杂字》、《增广贤文》等。在这一年龄段中程度较高的，加读《幼学琼林》、《唐诗三百首》并学习珠算、记账等。年龄在10岁以上，且程度较高者，则授以“四书五经”试帖、制艺等科举考试的内容。对于初入塾者和已入塾有一段时间者所采取的教法也各不相同。

（二）教育的弊端

重人文精神，轻科技实业。强调教育与政治的密切结合，注重教育的人文功能，形成了重文轻理、重义轻利、重知轻行的思维定式，造成轻自然研究，斥科学技术的价值取向，使科技、工艺等只能通过师傅带徒弟的方式得以发展，根本没有形成教育的规模。这也是走在世界前列的中国科技在近代却落后于西方的原因之一。中国虽创造了灿烂的东方文明，中国人的发明创造却成为西夷打开中国国门的武器。同时严酷的体罚也是私塾的一个弊端，将会在下文中提到。

四、私塾的教育内容

私塾以读书、习字为主课，一般先读蒙书如《三字经》、《百家姓》、《千字文》、《声律启蒙》、《幼学琼林》、《增广贤文》、《女儿经》等；然后读“四书五经”和《左传》。塾师一般只教杂书和“四书”。概言之，私塾的课程有五大类：

（一）蒙书

我国古代蒙学教材中的识字教材，其历史范围是从西周到清末。这里界定我国古代识字教材的依据有三条：第一，教材编写目的以学习语言文字为主；第二，教材使用的阶段在儿童入学之初；第三，使用范围广，延续时间长，得到大众和学者的普遍认可。自从《三字经》《百家姓》《千字文》产生后，它们形成一个体系，取代了以往所有的识字教材，而且有着极大的稳定性，使用数朝数代，甚至流传到外国。这种继承与革新中的历史规律就是识字量、知识量是否与儿童的接受能力相一致。后起的《急就篇》，尽量选易识易记的字，所以能够在一定时期独占鳌头。但它也有一个不足，就是知识太多太杂，有姓氏名字、文学法理、天文地理，类似于百科全书。而成为一个体系的“三、百、千”则不然，它们在知识上分别汲取了《急就篇》的一部分而成，字数多则一千左右，少则几百，只需会读会认，不要求会写，所以很快能够取而代之。后来的改编本无一不是在加深教材难度，扩充教材字数上下功夫，忽视了儿童的接受能力，因此，它们随着历史进程的演变而湮灭，也就不足为奇了。有“吹尽狂沙始见金”之势。随着年代的推进，蒙学识字教材趋于丰富化、条理化、系统化。一方面沿袭已有的教材；另一方面又根据时代需要加以改编，甚至去编写新的教材。这是一个继承与革新的过程，既保证了教材的稳定性，又进行了革新、改进，使蒙学识字教材具有不息的生命力。

（二）杂书

读书是私塾主要的功课，但经书不是儿童入塾时就能读的，必须先读了一定的杂书之后，才开始读经。私塾所读杂书有十多种，除上述而外，还有《三字幼仪》《五言鉴》《龙文鞭影》《史鉴节要》《王氏蒙求》《李氏蒙求》《幼学琼林》《诗品》《增广贤文》《五言杂字》等。这些书或灌输封建道德思想，或传授一般的封建文化知识，或讲述历史与文艺，或教导人情世故，或补充识字。在蒙童读杂书阶段，塾师照例是不讲的，只逐字逐句教读，然后要求学生死记硬背。

（三）经书

四书、五经是朝廷“钦定”的必读书。四书是《大学》《中庸》《论语》和《孟子》的合称，五经指《诗经》《书经》《礼记》《易经》和《春秋》。这其中以四书最重要，《左传》也是必须要读的。“四书五经”之类文章的死记硬背是私塾教育的重点。《红楼梦》第十二回中，贾政说：“那怕再念三十本《诗经》，也是‘掩耳盗铃’，哄人而已。你去请学里太爷的安，就说我说的，什么《诗经》、古文，一概不用虚应故事，只是先把‘四书’一齐讲明背熟是最要紧的。”可见他也极力要求私塾教师对宝玉加强“四书”的学习，反对他看一些所谓杂书，反对他做诗做对，认为就是做得几句诗词，也并不怎么样，也没有什么稀罕处。不仅男子如此，封建时代官宦人家的女子在私塾里学的也是四书、五经。如《红楼梦》第三回“贾母因问黛玉念何书。黛玉道：‘刚念了《四书》。’”由此我们不妨说，读四书、五经，练八股文章，中举当官，就是对我国明清时期全部封建主义教化实践的概括。

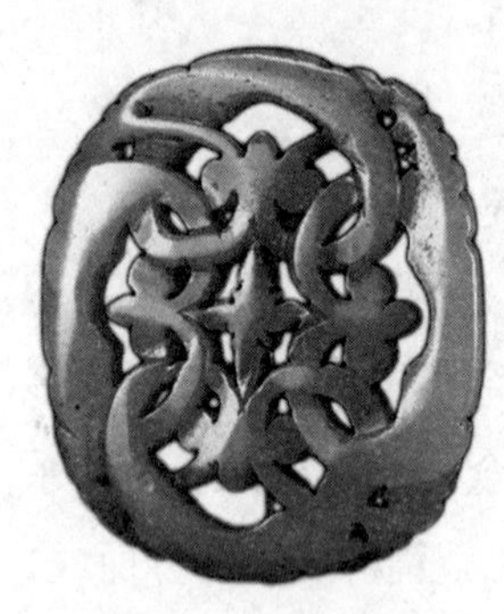

私塾先生多有过科场经历，且有一定功名，或秀才、或廪生、或拔贡等，但他们对四书、五经也不一定弄得清楚，有一些书也不一定读过。所以，读经阶段，塾师也极少讲，只要教儿童认得字，读得来，便可完事。读书和背诵是分不开的，经书讲解不多，却要求学生能背诵，还要背得如流水一样自然流畅，不能打“格顿”（停顿），才符合要求，才不至于挨打。

（四）写字

写字也是私塾主要功课之一，私塾蒙童的写字课大致分四个程序：润字、描红、描影、临帖。润字亦称之为“把腕”“把笔”，即手把手润字，教以横、直、勾、点及转折、转重方法。并告之“握笔四要”（虚、圆、正、紧）和“作字四法”（横清竖直、少粗多密、勾短点圆、空匀横直）。描红亦称“写红模字”，实际上是填写，所描填内容多是“上大人，丘乙己，化三千，七十士，尔小生，八九子，佳作仁，可知礼”，以及“一去二三里”“王子去求仙”等诗句。描影亦称“影写”，塾师先把格子打好，再发给蒙童用纸蒙格照写。临帖亦称“临格”，或选取碑帖字范让学生照着写，或由塾师书写于上格，让学生在下格对照着写。蒙学阶段的写字课不仅讲究先大后小，先慢后快，而且极为严格。早饭后入塾，先写字后读书，完成后交到塾师桌上，写得好的字老师划个红圈（蒙童戏呼为“大盐蛋”）。

（五）作文

私塾的作文教学是从“属对”开始的，因此《声律启蒙》就成了必读书。属对训练一般从“一字对”（如云对雨、雪对风之类）开始，进而“二字对”“三字对”以至多字对。对句在语音上要求平仄相对，词汇上要求词性相同，语法上要求结构相同，以至修辞、逻辑要求都十分严格。学会了对句，蒙童就开始学做诗。先是熟读《千家诗》《唐诗三百首》一类的书，学平仄、学押韵。私塾教儿童学诗的目的，是要达到能做科举考试时所规定的五言八韵“试帖诗”。学诗不是私塾主课，一般每月八九次（或逢一、四、七，或逢三、六、九），由塾师自由安排。因为科举考试需要，私塾作文教学重点放在学习八股文上，不过要等到蒙童读完经书，快成年之时，谓之曰“开笔”。八股文格式一般是把一篇文章分成四段，每段要有两股对偶的文字，曰：破承、起讲、入题、起股、虚股、中股、后股、束股。八股文多系“经义之文”，就是说它多取义（破题）于四书、五经。因此，塾师训练蒙童作文十分讲究，普遍采用先放后收的步骤，开始以放为主，鼓励学童大胆地写，放手地写，不挫伤其兴趣和信心。待有一定基础之后，再要求精练和严谨，此所谓收。八股作文需要“避讳”，在缮写文卷上，遇到与帝王、圣贤名字相同的字，要缺去一笔，以示对君上圣贤的尊敬。

五、私塾的教育方法

早中晚授课，私塾中有一定的学制与学规。全年分五、八、腊三个学季，即端午、中秋与春节，没有星期天，每季放假时间长短不一。全日上学，上午课读，下午习字习文，晚上练习珠算，也有文化活动。在这些活动中，实施“小先生制”，能者为师，如练习击鼓、吹号、弄笛。又如每逢初一与十五早上，在巷内让学生持枪练习步伐，都采用学生教学生，互教互学的方式。每年清明时节，还带领学生敲鼓吹号，走出街巷，来到郊外活动，这种活动名曰远足或踏青。

上午课读，就是背旧课、上新课。低层次学生每读一节一章都经过老师点红范读。天天上午背诵，读完一本要整本背诵，书本读多了，本本都要摆起来逐本顺次背诵。背不上来，有时塾师提示一下，有时也允许学生转身翻阅一下再接着背下去。有人趁两三位同学一块背诵而从中蒙混过关，被塾师发现后，就会抽出戒尺责打学生手心，有时也会把手心打至红肿。个别学生经常逃学，或小偷小摸，或有下流行为，先生怒气上来了，就着令两三个身高体壮的学生将其按伏在特制的矮木凳上，扒下裤子，用长条竹板责打屁股。直到学生边哭边喊：“先生，下次不敢了。”塾师这才罢手。打手心这种体罚，在当时的私塾中普遍存在，而脱裤子打屁股的并不多见。

下午是习字，有时作文。由于摆放笔墨纸砚，学堂内的桌案不够两个人使用，所以，凡属启蒙的刚习字的学生，都到墙外泥台上练字。塾师教学生习字，举凡握笔、运笔、间架部位，都亲做示范。学生不经过描红，一律用他开的影本，套在实折纸上描写。习大字时，要学生购买大楷或中楷羊毫。习小字要学生一定用狼毫。墨则以徽州文墨为正宗。为节约纸墨，塾师也动员学生到颜料店去买几两红土，泡水，用毛笔蘸红土水在废纸上练字。有时又叫学生拣几块灰色砖块磨平洗净，用毛笔蘸水在砖上练字，随干随写，这就更加省钱省事了。

晚上的夜课，主要是学珠算。墙上挂的大算盘就是塾师或珠算水平高的学长讲加减乘除算法时做示范用的。塾师对珠算教学的要求是不但会算，而且要熟练。以分组互教互学互练为主要练习形式。不仅要学会加、减、乘、除算法，而且还要学会斤两之间的换算。学生学到一定程度，都要开展大小组各种不同算法的比赛活动。夜间，在昏黄的灯光之下，只听学堂内噼里啪啦的珠算之声不绝于耳。私塾除上述早中晚的读、写、算三类课外，还有两次别具特色的对学生有培养作用的课余活动。

私塾不设班级，都是个别教授，好处是因材施教。当时教法有以下几种：

第一，点书。塾师的教桌上，常备着一个朱砚和一支朱笔，朱砚内盛着用白术加水磨成的银朱，这是先生点书、批卷的重要工具。每天上午学童陆续上学，先生逐个把他们叫到桌旁。先生边读边点，学童句句跟读。学童跟不上或跟错了，先生再教一遍。先生点完四句，就在书头写上当天的日子。先生每天点一次书，就不再教读，学童如果不懂，可以提问。这时学童个个端坐，满堂书声朗朗。“八岁孩提子，从师入学堂。整容端坐席，开口诵朗朗”，就是当时的情景。

第二，还书。每天点书之前，学童要把昨天点的书给先生还读，也叫“还书”。还书有“正读”与“背书”之分。正读，就是面对老师看书本朗读。先生认为可以，再点生书（新课）。背书即背向老师，高声背诵。一般学童都能背出来，如诵不熟，则限时再背。

第三，温书。先生点完一本书，学童还要“温书”。一个学童一般都读两本以上的书，一本是“生书”，另一本或两本是读过的书。先生每天点书后，也指定温习一两页老书，到“还书”时，一起“正读”或“背诵”，尤其是“四书”，非要读得滚瓜烂熟不可。

第四，写字。写字是私塾的一个重要科目。学童每天下午一到馆，就得靠在书桌上写字。写字分五个阶段：填朱（描红）、映写（映着范字帖，逐笔映写）、腾格（第一三五格范字可映，而第二四六是空格，要仿照范字，自己写）、白手写（学童可自由选择要写的字）、临帖（选择名字帖临摹）。学童每写好一张字，就将其放在先生的教桌上。先生将写得好的字用珠笔加圈，最好的打三个密圈。对写字进步快的学童，先生就在习字纸上书“记赏三文”，意思是要家

长奖赏给学童三个铜钱。家长常把习字纸逐日张贴在墙上，以观察学童的进步情况，学童对写字兴趣很浓，进步也很快。凡念私塾的学童，字都写得比较好。

第五，练习对偶句。先生教学童做“对子”，先教两个字的，如“竹叶”对“梅花”；三个字的，如“人独立”对“燕双飞”；四个字的，如“山间明月”对“江上清风”；再教五言、六言、七言的对子。科举时代，考八股文是要讲“对仗”的，这都得在私塾打基础。如今社会上仍然流行“春联”、“寿联”、“婚联”、“挽联”以及“楹联”等。每逢腊月廿四至年尾的上午，先生选派几位大字写得好的学生，在学塾附近几条大街的某些商号门旁摆上“代写春联”的摊子。几位书法可观的高班生，购买红纸，自写若干传统的喜庆对联，如“天增岁月人增寿，春满乾坤福满门”“爆竹一声除旧，桃符万象更新”。也有用蓝纸写的春联，如“守我堂前三年寿，不知门外几时春”“树欲静而风不止，子欲养而亲不在”等对联，以挣取额外收入。

六、私塾的教育目的和教育效果

私塾相对于官学而言有较大的自由，并不把入仕为官作为唯一目标，正所谓“子弟不可以不读书，不特发科加高门第也，读书明大义识道理，即经营生意理明白者，自不至于受人之愚”。徽州人便一再告诫其子孙：“读书非徒以取科名，当知做人为本。”其另外一个重要教育目标是用封建宗法道德伦常教育学童。在满足子弟读书识字的需要，提高族众文化素质的同时，重在宣传封建伦理纲常礼仪，维护宗族内部的团结和秩序，其次才是更高层次目标，满足宗族子弟应试科举的需要，冀望入仕。

科举制度所坚持的是“自由报名，统一考试，平等竞争，择优录取，公开张榜”的原则，打破了血缘世袭关系和世族对政治的垄断，对我国古代社会的选官制度是一个直接有力的改革。它给中小地主阶级和平民百姓通过科举入仕提供了一个公平竞争的平台，在使大批地位低下和出身寒微的优秀人才脱颖而出的同时，也扩大了封建统治基础。特别是在科举制度日趋完善的宋朝，历代皇帝几乎都奖掖孤寒，采取特别举措限制贵家子弟，这客观上给了平民子弟崭露头角的机会。宋朝不但出现了平民状元的现象，而且很多普通百姓子弟通过科举改变了自身及其家族的命运。不少日本学者也因此把中国的宋朝称为“平民社会”。

科举产生出一大批善于治国安邦的名臣、名相和雄才大略的政治家，以及众多有杰出贡献的思想家、文学家、艺术家、学者、教育家、外交家等，如唐代的王维、韩愈、柳宗元、刘禹锡、颜真卿、柳公权、白居易，宋代的欧阳修、王安石、苏东坡、司马光、朱熹、包拯、寇准，明代的张居正、汤显祖、海瑞、徐光启，清代的纪晓岚、刘墉、郑板桥、林则徐、蔡元培等文化名人都出自状元、进士和举人之中，都是中华民族的英才。

科举制度植根于我国的封建社会，有赖于我国多民族国家中主体民族在人口、发展水平与文化认同上的巨大优势和封建生产方式不断向周边地区拓展的历史背景。以科举为正途而又以儒家学说为科举考试内容的做法，把政权的世

俗性与意识形态的灌输自然地融合为一体，是我国传统政治的一大创造，这有利于中央集权国家的发展。中央集权国家的凝聚力与稳定程度与官僚选拔制度由“察举征辟”到科举考试的演变也密切相关。

明清时期，科举取士，许多“诗书仕宦之族”的读书人为了猎取功名，都必须参加科举考试。这就决定了明清时期的教育必须与科举结合，私塾教育也不例外地成为科举应试的预备性教育，是走向仕途的第一步。《红楼梦》中，作为正统封建制度的代表者与维护者的一家之主贾政，也希望宝玉能够通过私塾教育而一步步走上仕途之路。《红楼梦》第八十一回，贾政亲自送宝玉去私塾，并对塾师贾代儒说：“我今日自己送他来，因要求托一番。这孩子年纪也不小了，到底要学个成人的举业，才是终身立身成名之事。如今他在家中，只是和些孩子们混闹。虽懂得几句诗词，也是胡诌乱道；就是好了，也不过是风云月露，与一生的正事毫无关涉。”可见贾政是把科举考试和仕途道路作为培养目标的。望子成龙的贾政还对贾宝玉声色俱厉地训斥道：“比如应试选举，到底以文章为主。你这上头倒没有一点儿工夫！我可嘱咐你：自今日起，再不许做诗做对的了，单要习学八股文章。限你一年，若毫无长进，你也不用念书了，我也不愿有你这样的儿子了。”第一百一十六回里，贾政吩咐贾琏一定督促宝玉本年去参加科考，理由是能够中一个举人，也好赎一赎他们的罪名。贾政希望宝玉中举当官的急切心情溢于言表。第八回里，秦钟的父亲送儿子上学，他想的也是这个前程：“秦钟此去，可望学业进益，从此成名。”不但家长如此想，一般人也如此说。第九回中，贾宝玉要上学时，贾政的那几个清客说：“今日世兄一去，二三年就可显身成名的。”袭人说：“念书是很好的事，不然就潦倒一辈子了，终久怎么样呢?”甚至黛玉听说宝玉上学，也用类似的语言同宝玉开玩笑，说：“好!这一去，可是要蟾宫折桂了!”即便如此，私塾教育出来的贾宝玉在作者的笔下，仍是痛恨科举制度，反对八股的。第七十二回云：“更有时文八股一道，因平素深恶，说这原非圣贤之制撰，焉能阐发圣贤之奥，不过后人钼名钓禄之阶。”

《红楼梦》第九回中还讲到了一场学堂风波，这场风波是由贵族青年平日争风吃醋积怨而引起的，公

子哥儿们争风吃醋，结果是砚起匣飞，墨溅碗碎，拳打脚踢，满屋混乱，乌烟瘴气。“原来这学中虽都是本族子弟与些亲戚家的子侄，俗语说的好‘龙生九种，种种各别’。未免人多了就有龙蛇混杂，下流人物在内。”像金荣一样有关系的亲戚仆人家，一来请不起先生，二来也想借进大户家塾之机结交富朋友，寻找附势进取的机会，这样就使家塾变成鱼龙混杂、滋生是非之地。家塾教育中的风气之乱、弊端之多，由此可见一斑。而贾代儒的孙子贾瑞，“父母早亡，只有他祖父代儒教养。那代儒素日教训最严，不许贾瑞多走一步，生怕他在外吃酒赌钱，有误学业”。可谓用心良苦，然悉心培养出来的贾瑞却是邪心未改，色胆包天，最终短命而死。

七、私塾的教学管理

（一）教室布置

私塾内堂正中必须供奉“大成至圣先师孔子之神位”，红纸楷书，两旁还要写上“三千徒众子，七十二贤人”或“颜曾思孟，周程朱张”等字幅。此外，私塾的环境也是很讲究的。家塾设在巷子的深处，极其幽静，馆前是一个占地约四五亩的花园，园中种着各种花木，常年散发着花果的芳香，四周长着几笼斑竹，轻灵的竹尾在和风下不停地摇动，飒飒作响。馆门两旁悬挂着一幅对联：

雨余窗竹图书润

风过瓶梅笔砚香

清新高雅，与园中的景色极为切合。园外是肥沃的田野，远处是巍峨的山峰，环境异常优美。不过“散馆”“义塾”的条件要差些。塾中书桌、坐凳，多由儿童自带入塾，以至高低、长短、大小，参差不齐。

屋内用红色油漆涂有“六言私塾”四个大字。“六言”者，出于《论语》，指仁、和、信、直、勇、刚六字。可见学塾定名的意义。

（二）教学管理方法

私塾对学童管束极严，“整容端坐，整日朗朗诵读”是学童的守则。先生管教学童，惩罚是唯一的法宝。学童十分畏惧先生，先生一声吆喝，就会满堂寂静，鸦雀无声。当时先生的教桌上放着一块戒方儿，上面写着四句话：“一片无情竹，不打书不读，父母若爱你，不必送来读。”当时流行的体罚形式有敲脑钉儿，即用中指中间的一节骨节敲击学童的额角；连打三板手心，学童每天“还书”之前，唯恐自已难过关，先要将自己的手心放在桌角；罚跪，一般跪在孔子牌位前的石阶上；关堂，

即放学之后不让回家。学童最怕关堂，因为一关堂家长就知道了，回家又要被惩罚。

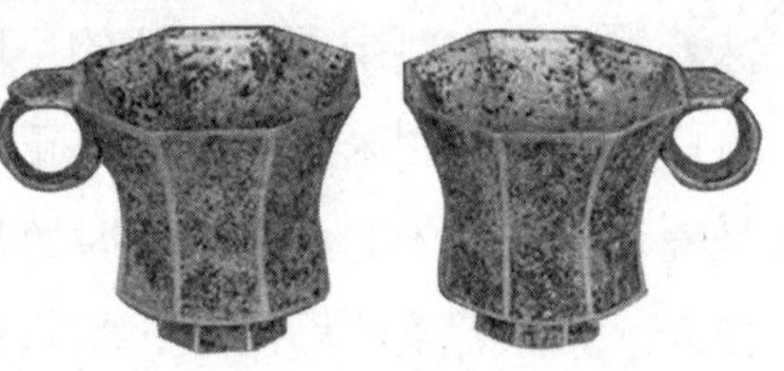

私塾中规章极为严酷。塾师为了树立自己的绝对权威，除对学童授课外，与学童“不交一言，不示一笑”，犹如一尊菩萨，把学生成天禁锢在私塾里苦读诗书。《红楼梦》中昏庸无能、呆若木鸡的贾代儒可谓私塾教师的典型，学生不能随便走出书房，甚至连上厕所也要领出恭牌，这在《红楼梦》第九回中就有两处提到。学塾有严格的学规，义学有“义学约”，家塾有“家塾规”，学童违背了学塾的规章，就要予以惩罚。罚法有罚立、罚跪、打手心、笞臀、加重课业等。《红楼梦》第十二回写贾代儒将贾瑞：“按倒打了三四十板，还不许他吃饭，叫他跪在院内读文章，定要补出十天功课来方罢。贾瑞先冻了一夜，又挨了打，又饿着肚子，跪在风地里念文章，其苦万状。”可见贾瑞因一时违规而身心俱受惩罚，这是腐儒塾师的惯用伎俩。当然，除了体罚外，贾代儒也采用责令威逼的方式，例如第八十二回，贾宝玉上学迟到了，“贾代儒已经变了脸说：‘怪不得你老爷生气，说你没出息。第二天你就懒惰。这是什么时候才来?’”后来又对宝玉说：“我如今限你一个月，把念过的旧书全要理清。再念一个月的文章，以后我要出题目叫你做文章了。如若懈怠，我是断乎不依的。自古道：‘成人不自在，自在不成人。’你好生记着我的话。”可以说，清代私塾教育里诸如贾代儒所采用的这些体罚、责令、威逼等教育管理方法，是从封建家长式的专制礼教土壤中生长出来的，是封建专制政治在教育领域中的表现。这种学塾中的学生对老师十分惧怕，毫无学习积极性可言，也就不可能产生好的学习效果。

塾师体罚学生，用竹片打手掌算是轻的，其他体罚还有若干种，可谓花样百出：打屁股——令蒙童自抬板凳来，令其伏在上面，塾师用竹片或戒方边打边骂，起码二十至一百板，如果滚下，就另外来过，直打得儿童惨叫连天，声彻户外；敲打脑壳——用戒方、旱烟管敲打蒙童脑壳，是极平常之事；罚跪、罚站等——蒙童小有违规或犯错，塾师动辄以罚跪、罚站、揪耳朵，甚至不准放学，饿着肚子守学堂等来惩罚学生。比如罚跪，是在孔夫子牌位前，一般以一炷香为度。甚者罚跪炭渣，有的还要在头上加顶一条板凳，凳上再放一碗水，真有如虐囚。私塾学生受到塾师体罚，通常还要在蒙童手（脚）颈划上各式各样记号，不定期检查，如学生下河用水洗掉，一经查出，从严责罚。下面是郭沫若幼时在家塾中受到体罚的一段记忆：他的塾师有一根两分厚、三尺来长的竹片，是专门用来打学生的。正式的打法是打掌心、打屁股；非正式的打法则是隔着衣裳帽子的乱打。有时竹片打破了，塾师就干脆把随便找来的细竹抽来打人。郭沫若发蒙后不久，脑袋被打得尽是包，晚上疼得不能睡觉，直哭。母亲见他可怜，就替他找了一顶硬壳帽子，先生的竹片打在帽子上只是空响，脑袋一点也不疼。不料他二兄和他争抢帽子，秘密被先生发现了。以后先生打他，总要把帽子摘去，弄得他又是满头包，无法入睡，慈爱的母亲也爱莫能助。

八、私塾的教育对象

学童入学的第一件事是祭拜孔子。“尊孔”是私塾里一个极为庄重、严肃的礼仪。私塾的中堂，设有“大成至圣先师孔子之位”的牌位。学童一进馆，就在孔子牌位前点上香烛，摆起果盆，下跪祭拜然后再跪拜先生，就是皇太子也不能例外，再拜师母。接着，塾师从学童的书包里拿出那本《蒙求》，在书面预先贴好的两张红签上，写上“厚德于人”四个字，在另一张红签上写上刚为学童所取的新名，再拿朱笔在《蒙求》的开头，教学童读四句，每句都用朱笔圈点。这就是点书。点书以后，是“把笔填朱”（描红）。先生把学童带去的红字纸铺在桌上，教学童握笔。一支新笔，蘸上浓墨，先生的手掌握在学童的手背上，扶着学童的手在红字上填写笔画，这就是开笔。开笔先生被称为“启蒙恩师”，是最受读书人尊敬的。日后如果状元及第，就得先到开笔先生那里谢恩。入学教育之后，蒙童一生的私塾读书生涯便开始了，开笔之后，就放学回家了。这一天，先生还将一些糕饼分给诸学童，让大家也高兴高兴。学童第一天放学回家后，还要到诸亲戚、邻居、好友家去拜客，有钱者可以租借一匹白马，帽头儿两边插上一对银花，另请一个帮工，挑着礼盒，每到一家，即下马拜谒。上辈看着学童施礼，判断小孩懂不懂礼节。学童家将一份糕饼送给客人家，客人家得回赠一串“拜见钱”（用红头绳串好的铜钱）。

私塾是十分讲究礼貌的，塾师常教育学童要彬彬有礼。学童每天上、下午上学，都得双手捧着书包向父母作揖告出；放学归家时，同样的作揖告入。这叫作“出必告入必面”。在馆里对先生也是作揖来、作揖去，路上碰到先生，定要招呼作揖。

蒙童从四五岁发蒙入塾读书，到开笔作文，再到参加童子试、考秀才、进书院或官学，至少是十年以上。明清时期，以尊经崇儒为正宗，私塾里不仅要供奉孔子与孔门诸贤哲牌位，而且须时常敬拜。一是“朔望祀孔”——每逢初一、十五，蒙童须自带香蜡，先向孔子牌位行礼，次向塾师祝揖；二是“圣诞

祀孔”——孔子生于公元前551年夏历八月二十七日，每逢孔圣诞前夜起，塾师都会组织祀孔，由蒙童凑钱备办香蜡钱纸火炮寿礼，祭拜孔子，二十七日早晚行礼，这期间是不读书的。

私塾每天放学三次（乡村义塾只放两次）：早饭学——相当于上午九至十点之间；午饭学——相当于下午三点左右；晚学——挨近黄昏。因没有钟表，只是个大致时间。蒙童除回家吃饭以外，每天在私塾时间一般都在八小时以上。晚上回家，还得挑灯夜读。

晚清四川地方的私塾，一般正月底或二月初开学，至冬月尾或腊月初“散馆”放年假，全年读书时间十个月左右。其间端午、中秋照例放短假（各五天）。短假、年假，统称“三节”，逢“三节”，家长都得赶送“束修”和“节礼”。塾师一般只在端午节收礼时回赠蒙童常用纸扇一把，名之曰“打发”，中秋和年假是没有“打发”的。

塾师的教桌上，设土红或洋红一盘，墨碟一个，戒方、篾板各一块，这是必不可少的。这“篾板”是体罚工具。以体罚方式逼使蒙童读书，极不合理，也是对儿童身心的摧残。历史的大变动时期，这种以体罚为特征的私塾教育曾为民主革命家、教育家所诟病和诅咒。然而，所谓“扑作教刑”“黄荆条上出好人”“教不严师之惰”似乎成了自古以来教育者所奉行的传统。蒙童从此开始了漫长而又艰辛的读书生涯。

女童也读书，《清俗纪闻》一书也称“绝无女子到外馆读书等情形”，但应注意，不到外馆并不等于不受教育，亦即不识字。《清俗纪闻》就指出，“女子则首要传授针线，但亦有向女子传授书法，使之读书作诗”，并且“女子上学之法与男子亦无不同”，不过由女先生“每日来到各家，教授各家女子”“开始时教《女训》《孝经》，然后再和男子同样使读《千字文》《百家姓》和四书等书文。束修之礼亦与男学生相同”。这也提示，其实传统中国对于女子教育并非真如后来新知识人宣称的，有着刻板而严厉的男女之别。对于读书年龄，某些地方也有一定禁忌，称“男忌双，女忌单”，早在唐人撰《北齐书》中就有记载。既然女子也有忌讳，可见在教育权利上，男女并无分别。

九、塾师的状况

私塾的教书先生也称塾师，最受欢迎的是“禀贡生”，即明清两代由府、州、县推荐到京师国子监学习的书生，享受地方津贴；其次是秀才，明清两代在县、府级考试中及格、有资格参加省级考试的读书人；再次是童生。塾师中以童生最多，他们都是不第秀才，潦倒半生，只好走上教书这条路。过去，私塾多为蒙学程度，以自设馆居多。教师的素质参差不齐，如《红楼梦》中林黛玉的塾师贾雨村，曾中举为官，又被罢官，自然可以把考试的经验传授给他的学生了。贾宝玉的老师贾代儒老眼昏花，思想陈旧，行动缓慢，但是因为他的学位高，受到贾家的礼遇，也遭到学生的厌恶。也有教完《三字经》《百家姓》的塾师再讲“四书”就很费力的。塾师文化水平悬殊，他们当中既有像蒲松龄、郑板桥那样的文化名人，也有不少粗通文墨的腐儒。

有的塾师是自己设塾教书的，每至腊尾岁首，就要四处托人招揽学童了。学童入馆前，家长须填写一张入学志愿书，里面要特别写明“束修”（即学费）是多少，分几次交付，并注明“节庚包”（即逢节另送的红包）外学童束修全年约3—4银元。一个塾师如有二十多名学童，可年入束修金六七十银元，就算不错了。有的塾师在一个地方坐馆多年，他的私塾也就叫作“馆地”。塾师与学童家长是常有来往的，如替他们写信、写春联、写契据，一些德高望重的塾师也参加当地的婚丧喜事等，除了落些额外收入外，双方也建立起了友好关系。学童家碰到什么难事，往往都会请塾师帮忙，塾师也都十分热情。学童和家属对塾师是很尊敬的，每到重要节日，都要送一些糕点、粽子、月饼、鱼肉给塾师。夏天白昼长，家属给学童送点心时，也都给塾师送一份。

到了宋元时期书院设置的趋势则是越来越城市化，这使得读书人一段时间内大量集中，造成了知识人相对过剩的现象。等待命运转机的读书人在科举落第后，多数曾做过塾师，如明代的归有光和清代的郑板桥，都曾陷入为谋取京城一个塾师位置四处请托，以致斯文扫地的窘状。塾师每年的“束修”（薪水）

约50—60银元，如由东家供应伙食，“束修”要相应减少。私塾中并没有寒暑假，全年只有清明、端午各放一天。每年十二月初十前后放年假，至次年正月十五开馆，所以当时有“先生不吃十二月的饭”的谚语。

据记载清代塾师平均年收入在100两银左右，普通塾师的年收入不足50两银，甚至有说塾师收入有更低的可能，与普通体力劳动者差别并不太大，这也是为什么一些传统学塾的塾师还兼有行医、代人书写记账等多种职业的原因。乾隆时人段玉裁称，他的祖父、父亲都以授徒为业，有时远走他乡，每岁计所入修脯数十两。虽古人有故意对人言贫之风，但此处段氏所言恐怕非虚，倘无其事，他不会在儿童时期就有如此深刻的印象。那么每逢年末，先生沿街要“束修”的现象就不足为奇了。

塾师的工作不好找，全国也就存在比较庞大的塾师队伍，换言之，清代民众的教育水平就有更高的可能。庞大的塾师队伍与相对较小的需求市场不免产生矛盾，这是前人研究中较少注意到的地方。科举考试可以定期聚集士子，清代书院设置的趋势则是越来越城市化，这就使得读书人一段时间内大量集中，造成了知识人相对过剩的现象。这些由乡镇向城市迁徙的读书人，经常以塾师为业，等待命运转机，因此京城、省城等行政中心及其近郊往往是学塾最为集中的地方，以至于僧多粥少。

私塾先生与家长的协议中，写明了学生学习要达到的水平，是要会看账本，学会做生意，还是金榜题名。他还要根据学生的基础、个人能力来制定学习计划，实行个别教学，要教几十个学生，教材各不相同，劳动强度之大可想而知。学生可以带学费来，如果不满意还可以离开，先生的精神压力也很大，要不了几年，就成了“病夫子”。

历代塾师，多是潜心学术，热爱教育事业的。从开风气之先的孔孟学派到诸子百家，从书院的名家鸿儒到乡塾的贫师寒士，他们或因朝代的更迭而脱离了统治阶级；或因时局动乱无法施展治国平天下的雄才大略；或屡试不第，不愿再做科举的牺牲品。纷纷从事私学事业，绝意仕途，不慕荣利，安贫乐道，以“传道、授业、解惑”为己任，开馆设学，有教无类，默默地担负起对中华文化的传承、研究等重任。例

如，孔子就有弟子三千，七十二贤，桃李满天下。

但是中国近代对塾师进行了改良，当时的塾师是只会教“四书”，对他们进行培训，改变他们的知识结构，将其转变为国立学校的老师。更多的时候，他们却阻碍了现代化的进程，遭到了取缔的命运。大部分塾师回家务农，两千年来的塾师行业以这样的结局告别了历史的舞台。

十、私塾的改良与复兴

1905年，科举制度被废除，为兴学让路，拉开了长达半个世纪的私塾改良的序幕。经馆受废科举的直接冲击，纷纷停闭。社会上很少再有经馆，剩下的几乎都属于蒙馆。清末民初，义塾和族塾或者改办小学，或者停办。开办家塾属于家庭内部事务，地方政府不便过问。自设馆是最普通的私塾，自然就成了私塾改良的主要对象。

两千年来，私塾作为一种特殊的教育形式，几经起伏，得以发展，但是随着社会的革新和发展，它的弊端日益显露，更何况教育问题不是绝对化和唯一的；学生智力和资质有差异，教育更需个性化。

私塾存在很多弊端，如教学不遵循人的发展规律和特点，不制定一定的教学计划，课程单一，全部课程由一位塾师“包打天下”，大部分教学内容枯燥乏味，作文大多为学写八股文，教学方法太注重背诵，不注重理解，严格实行体罚的方法等等。但是私塾在教学方法上还是有一些值得我们借鉴之处，这些对于实施素质教育，丰富教学方法，提高教学质量，还是具有现代价值的。

私塾是中国传统教育的一个重要组成部分，千百年来，中国人在私塾中开始自己受教育的生涯。然而随着近代社会的转型，私塾渐渐显露了其在教育内容、教育方法、教学目的、教育理念等方面的不足，逐渐走向末路。随着科举制度的废除和新式教育的兴起，私塾改良在各地如火如荼地进行，拉开了延续半个世纪的私塾改良的序幕。私塾教育的内涵发生了根本的变化，传统的私塾教学内容多以四书、五经为主，虽经过清末民初的改良，但各地私塾依旧我行我素。

为此，南京国民政府时期各地政府加大了对私塾使用的教材的管理。教育主管机关针对各地私塾有新旧两套课本的现象，经常收缴旧课本。这使新式教材的推广颇见成效。随着塾师训练班的开设，大量塾师经过教学内容、教学方法的培训，在很大程度上提高了自身素质，逐渐趋向专业化。同时随

着新教育的发展，不少受过新式教育的毕业生亦加入到塾师的队伍中来。同时加强对私塾的监督和管理，调查各地私塾情况，要求初等私塾所开设课程至少必须包括修身、国文、讲经读经、算术四科，高等私塾课程开设至少包括修身、国文、讲经读经、算术、历史、地理六科。在教学内容中加入了数学、地理、历史，这已经是很大的进步了。在私塾改良过程中，政府要求私塾教员一律采用新式教学方法授课，重讲解不重背诵，不得沿用旧式只重背书、机械识记的教法。

除了改革教材外，还改造私塾教师。私塾改良的关键是改造塾师，塾师的素质直接关系到私塾改良的成效。传统塾师的知识结构陈旧，除了四书之外什么也没学过。要想胜任算学、格致、历史、地理、修身等新课程的教学工作，对塾师的改造迫在眉睫。对塾舍内设备亦做了初步规定，要求学生的桌椅都面向老师。民国初年虽对私塾进行改良，但成效不大，各地旧式私塾仍兴盛不衰。这些私塾大都违反教育原理，泯灭儿童天性，阻碍社会前进。初等教育也因私塾的干扰而发展缓慢，各地小学数量减少。每当政府对教育管理不严时，社会就会冒出一批旧私塾来，人们在私塾改良过程中认识到训练塾师是改良私塾的最后工作。塾师经过培训和考核，主管教育行政机关将授予证书。合格者可以开办私塾；不合格者坚决予以取缔。尤其对塾师的思想和品德进行严格的考核。私塾课程分为基本的与补充的两种，基本课程为：一国语（包括读书、作文、写字），二常识（包括社会、自然、卫生），三算术（包括笔算、珠算），四体育。补充课程依地方需要由塾师自行选定。对于旧式教材，很多地区经常派兵警前往各乡检查，收缴旧课本，对于教学方法，政府规定“私塾教学时须注意积极诱导方法，绝对禁用体罚”，“教学时须以引起儿童学习之兴趣为主，并须注重理解，不得专重背诵”，这使私塾转变了教学内容，改善了教学方法。

传统私塾校舍破旧，设备简陋。于是另外规定了私塾应具备条件：一、黑板粉笔黑板刷；二、自鸣钟；三、各科教科书等。地方政府还对塾舍提出具体要求，要求光线充足、宜保持清洁等。私塾教学条件的改善不但使儿童的受教育环境大为改观，还有利于儿童身心健康，这在一定的程度上改善了私塾的硬件条件，更有利于与学校衔接。一方面人们的传统思想根深蒂固，送孩子去上

学，为了让他识字、记账、看懂田契、地契，而小学的教育内容繁多，导致识字并不如私塾教授的多，于是有很多家长还是把孩子送入私塾，同时塾师接受了改良，教学方法和教育的内容也都改进了，给私塾注入了新鲜的活力，促使传统私塾向新式学校转变。教育理念也发生了重大的变化，他们在私塾改良过程中接受改造之后，大多能明白课程标准、坐次排列以及教学方式概要，对私塾改良的抵触情绪逐渐消失。与此同时，新学堂学生在社会崭露头角，独领风骚，这使私塾教育难能望其项背。民国初年留学归来的留学生，毕业后，乡亲们用四人来抬大轿，彩旗起舞、鼓乐喧天，可谓耀祖荣宗；而墨守陈规的私塾学生念了十几年的四书、五经也没有这样扬眉吐气的机会。学生家长通过对新旧教育的比照，对传统私塾的教育内容和教学方法逐渐产生怀疑乃至最后摒弃。

私塾改良是以人为本的，它摒弃了私塾的不良传统，代之以注重人的全面发展。政府从管理、课程、教学方法、塾师等各个方面对私塾进行改良，以求适应个体并促进个体的发展。总之，私塾改良是适应社会和个体和谐发展的需求的。在新中国成立后，私塾改良已经基本改造完成了。经过考核的塾师成了公立学校的小学老师，其余劝退回家务农。

改革开放后，中国传统文化开始复苏。20 世纪 80 年代初，湖南平江的农村悄然出现了私塾。老塾师朱执中在家中重操旧业，教授乡人读“四书五经”。朱执中让学生读老书、习诗文、练书法，教学因人而异，注重背诵和体悟，这些做法都没有超出传统私塾的范围。只是朱老先生不再体罚学生了，这已经有了很大的改变。

近年来，随着国学热、读经热的趋势，私塾补习班在社会上应运而生。2005 年 10 月，张志义在苏州开设“菊斋私塾”，刻意追求古典情调。塾师身穿儒士长衫，室内悬挂孔子画像，儿童作揖打躬学习古代礼仪，教学的内容是《弟子规》《三字经》《千字文》《易经》《老子》《庄子》以及诗词韵文，中间穿插讲授古乐、书画、茶道。张志义是一个国学爱好者，“菊斋私塾”的办学宗旨是弘扬中国传统文化，它与传统私塾的精神是一致的，尽管具体表现形式有所不同。

“读新书晓得做事，读老书晓得做人”是学生对私塾的现代教育的认定。私塾重返教育舞台，引起社会的广泛关注。人

们把近年来社会上出现的私塾叫现代私塾。那么私塾的重新出现是历史的进步还是倒退，同时也引起了人们深深的思考。